Solilóquios

Dados Internacionais de Catalogação na Publicação (CIP)
(Câmara Brasileira do Livro, SP, Brasil)

Agostinho, Santo, Bispo de Hipona, 354-430
  Solilóquios : da imortalidade da alma / Agostinho, Santo, Bispo de Hipona ; [tradução Frei Ary E. Pintarelli]. – 1. ed. – Petrópolis, RJ : Vozes, 2023. – (Coleção Vozes de Bolso)

  Título original: Soliloquiorum libri duo / De immortalitate animae liber unus.
  ISBN 978-65-5713-987-5

  1. Conhecimento – Teoria 2. Cristianismo – Filosofia 3. Imortalidade (Filosofia) 4. Religião I. Título. II. Série.

23-151008   CDD-230.1

Índices para catálogo sistemático:
1. Cristianismo : Filosofia   230.1

Aline Graziele Benitez – Bibliotecária – CRB-1/3129

Santo Agostinho

Solilóquios

Da imortalidade da alma

Tradução de Frei Ary E. Pintarelli

Vozes de Bolso

Tradução realizada a partir do original em latim intitulado
Soliloquiorum libri duo / De immortalitate animae liber unus.

© desta tradução:
2023, Editora Vozes Ltda.
Rua Frei Luís, 100
25689-900 Petrópolis, RJ
www.vozes.com.br
Brasil

Todos os direitos reservados. Nenhuma parte desta obra poderá
ser reproduzida ou transmitida por qualquer forma e/ou
quaisquer meios (eletrônico ou mecânico, incluindo fotocópia
e gravação) ou arquivada em qualquer sistema ou banco de dados
sem permissão escrita da editora.

CONSELHO EDITORIAL

Diretor
Volney J. Berkenbrock

Editores
Aline dos Santos Carneiro
Edrian Josué Pasini
Marilac Loraine Oleniki
Welder Lancieri Marchini

Conselheiros
Francisco Morás
Gilberto Gonçalves Garcia
Ludovico Garmus
Teobaldo Heidemann

Secretário executivo
Leonardo A.R.T. dos Santos

Diagramação: Monique Rodrigues
Revisão gráfica: Anna Carolina Guimarães
Capa: Ygor Moretti

ISBN 978-65-5713-987-5

Este livro foi composto e impresso pela Editora Vozes Ltda.

Solilóquios

LIVRO I

Se afastando-nos dos sentidos contemplaremos a suprema beleza

Invoca a Deus para que lhe esteja presente (1,1-6).

Capítulo 1 – Coisas que o experimentado Agostinho teria percebido

1. Estando eu, por longo tempo, a refletir sobre muitos e variados assuntos e, por muitos dias, a procurar, com diligência, a mim mesmo e o meu bem e o mal que deveria ser evitado; de repente, alguém me diz, não sei se fui eu mesmo, ou algum outro, exterior ou interiormente. Afinal, é isso mesmo que desejo muito saber. Portanto, disse-me a Razão:

Razão: – Ora, supõe que encontraste alguma coisa. A quem a confiarás, para passar a outras coisas?

Agostinho: – Por certo, à memória.

R. – Mas ela é tão poderosa que possa reter todas as coisas pensadas?

A. – É difícil, e até nem pode.

R. – Portanto, deve ser escrito. Mas como fazes, pois, se tua saúde recusa o trabalho de escrever? E essas coisas não devem ser ditadas, pois desejam a pura solidão.

A. – Dizes a verdade. Por isso, realmente, não sei o que farei.

R. – Pede saúde e auxílio para chegares ao que desejas e faze isso por escrito, para que faças tua obra mais animadamente. Depois, resume, brevemente, em poucas conclusões o que encontras. E não te preocupes em convidar a turba dos leitores; estas coisas serão suficientes a teus poucos cidadãos.

A. – Farei assim.

Invoca a Deus, princípio das coisas da natureza...

2. Deus, criador de todas as coisas, primeiramente, concede-me que eu reze bem; depois, que eu me torne digno de ser ouvido e, por fim, que me atendas. Deus, para quem tendem a existir todas as coisas que por si não existiriam. Deus, que não permites que pereça nem aquilo que mutuamente se destrói. Deus, que do nada criaste este mundo, que os olhos de todos consideram belíssimo. Deus, que não fazes o mal e fazes existir para que não seja o pior. Deus, que aos poucos que se aproximam daquilo que é verdadeiro, mostras que o mal é nada. Deus, para quem a universalidade das coisas é perfeita, mesmo com a parte de imperfeição. Deus, por quem a dissonância até o extremo não é nada, já que as coisas piores se harmonizam com as melhores. Deus, a quem ama todo aquele que, sabendo ou não sabendo, pode amar. Deus, no qual subsistem todas as coisas, para quem, todavia, a torpeza de toda a natureza não é torpe, nem a malícia prejudica, nem o erro afasta. Deus, que não quiseste que soubessem a verdade senão os puros. Deus, Pai da verdade, Pai da sabedoria, Pai da verdadeira e suprema vida, Pai da felicidade, Pai do bom e do belo, Pai da luz inteligível, Pai do nosso despertar e da nossa iluminação, Pai do penhor ao qual somos aconselhados a voltar para ti.

...e das que são verdadeiramente humanas.

3. Invoco-te, Deus Verdade, em quem, de quem e por quem são verdadeiras todas as coisas que são verdadeiras. Deus Sabedoria, em quem, de quem e por quem têm sabedoria todas as coisas que sabem. Deus verdadeira e suprema Vida, em quem, de quem e por quem têm vida todas as coisas que vivem verdadeira e sumamente. Deus Felicidade, em quem, de quem e por quem são felizes todos os seres

que gozam de felicidade. Deus Bondade e Beleza, em quem, de quem e por quem é bom e belo tudo o que tem bondade e beleza. Deus Luz inteligível, em quem, de quem e por quem brilham, inteligivelmente, todos os seres que têm luz inteligível. Deus, cujo reino é o mundo inteiro, a quem o sentido desconhece. Deus, de cujo reino é tomada, também, a lei nestes reinos. Deus, de quem separar-se, significa cair; a quem voltar, significa ressurgir, em quem permanecer, significa fixar-se. Deus de quem afastar-se é morrer, ao qual voltar é reviver, em quem habitar é viver. Deus, a quem ninguém abandona a não ser enganado; a quem ninguém busca a não ser estimulado; a quem ninguém encontra a não ser purificado. Deus a quem abandonar é o mesmo que perecer; a quem estar atento é o mesmo que amar; a quem ver é o mesmo que possuir. Deus, para o qual a fé nos estimula, a esperança nos eleva, a caridade nos une. Imploro-te, Deus, por quem vencemos o inimigo. Deus, a quem recebemos para, simplesmente, não perecermos. Deus, por quem somos admoestados a estarmos vigilantes. Deus, por quem distinguimos as coisas boas das más. Deus, por quem fugimos das coisas más e seguimos as boas. Deus, por quem não caímos diante das adversidades. Deus, por quem bem servimos e bem dominamos. Deus, por quem aprendemos que pertence aos outros aquilo que, às vezes, pensamos que é nosso e que é nosso aquilo que, às vezes, julgamos ser dos outros. Deus, por quem não nos apegamos aos engodos e às seduções dos maus. Deus, por quem as coisas pequenas não nos diminuem. Deus, por quem o melhor de nós não está sujeito ao que há de pior. Deus, por quem *a morte foi tragada pela vitória* (1Cor 15,54). Deus que nos convertes. Deus que nos despes daquilo que não é e nos revestes daquilo que é. Deus que nos fazes dignos de ser ouvidos. Deus que nos reúnes;

Deus que nos induzes para toda a verdade; Deus que nos falas de tudo o que é bom, e não nos fazes de tolos nem permites que alguém nos faça de tolo. Deus que nos fazes voltar para o caminho. Deus que nos levas para a porta. Deus que fazes *que se abra aos que batem* (Mt 7,8). Deus que nos dá *o pão da vida* (Jo 6,35.48). Deus, por quem temos sede de *uma bebida que, uma vez tomada, jamais tenhamos sede* (Jo 4,14; 6,35). Deus que *acusas o mundo do pecado, da justiça e do juízo* (Jo 16,8). Deus, por quem não nos movem aqueles que simplesmente não creem. Deus, por quem censuramos o erro daqueles que julgam não haver junto a ti nenhum mérito das almas. Deus, por quem não servimos *aos elementos fracos e miseráveis* (Gl 4,9). Deus que nos purificas e nos preparas para os prêmios divinos, aproxima-te de mim com benevolência.

Invoca a Deus que verdadeiramente existe em si e rege o mundo.

4. O que por mim foi dito, és tu, Deus único. Vem em meu auxílio tu única, eterna e verdadeira substância, onde não há discrepância alguma, nenhuma confusão, nenhuma mudança, nenhuma indigência, nenhuma morte. Onde existe a suma concórdia, a suma evidência, a suma constância, a suma plenitude, a suma vida. Onde nada falta e nada sobra. Onde aquele que gera e aquele que é gerado *são um* (Jo 10,30). Deus, a quem servem todas as coisas que servem; a quem obedece toda a alma boa. Por cujas leis giram os céus, os astros percorrem seus cursos, o sol traz o dia, a lua suaviza a noite e todo o mundo, na medida em que a matéria sensível pode suportar, mantém uma grande constância pelas ordens e pelas repetições dos tempos: mediante os dias, pela alternância da luz e da noite; mediante os meses, pelos crescimentos e decréscimos lu-

nares; mediante os anos, pela sucessão da primavera, verão, outono e inverno; mediante os lustros, pela perfeição do curso solar; mediante os grandes períodos, pelo retorno dos astros aos seus cursos. Deus, por cujas leis que vigoram desde a eternidade não se permite que seja perturbado o movimento instável das coisas mutáveis e, por freios dos mundos circunvolventes, sempre se faz voltar à semelhança da estabilidade; por cujas leis a alma tem livre-arbítrio e são distribuídos prêmios aos bons e castigos aos maus, segundo necessidades estabelecidas para todas as coisas. Deus, de quem procedem para nós todos os bens e de quem são afastados de nós todos os males. Deus, acima de quem nada existe, além de quem nada existe e sem o qual nada existe. Deus, sob o qual está tudo, no qual está tudo, com quem está tudo. Que fizeste o homem *à tua imagem e semelhança* (Gn 1,26), fato que é reconhecido por aquele que se conhece a si mesmo. Ouve, ouve, ouve-me, meu Deus, Senhor meu, meu Rei, meu Pai, meu Criador, minha Esperança, minha Honra, minha Residência, minha Pátria, minha Salvação, minha Luz, minha Vida. Ouve, ouve, ouve-me com aquele teu costume de poucos conhecidíssimo.

Invoca para voltar para Ele...

5. Agora, amo somente a ti, sigo somente a ti, busco somente a ti, estou preparado para servir somente a ti, porque somente tu dominas com justiça; desejo estar sob tua jurisdição. Peço que mandes e ordenes o que queres, mas cura e abre meus ouvidos, pelos quais ouça as tuas palavras. Cura e abre os meus olhos, pelos quais enxergue teus acenos. Afasta de mim a paixão para que eu te reconheça. Dize-me para onde devo voltar-me para ver-te e espero que hei de fazer tudo o que ordenares. Suplico-te: recebe o teu fugitivo, Senhor, Pai

clementíssimo; já sofri o suficiente, já servi demais os teus inimigos, que tens sob os pés; fui suficientemente o escárnio das falácias. Recebe-me, sou teu servo que foge deles, porque, quando eu fugia de ti, também eles me receberam como estranho. Sinto em mim que devo voltar para ti: que tua porta se abra para mim que bato; ensinas-me como se chega a ti. Nada mais tenho senão a vontade; nada mais sei senão que devem ser desprezadas as coisas passageiras e perecíveis e buscadas as certas e eternas. Faço isso, Pai, porque é a única coisa que aprendi; porém, ignoro como chegar a ti. Indica-me tu, mostra-me tu, concede-me tu as provisões da viagem. Se é pela fé que te encontram aqueles que se refugiam em ti, dá-me fé; se é pela força, dá-me força; se é pela ciência, dá-me ciência. Aumenta em mim a fé, aumenta a esperança, aumenta a caridade. Ó admirável e singular bondade tua!

...para que se cure.

6. Almejo-te, e novamente te peço as coisas necessárias para almejar-te. Pois há de perecer aquele que tu abandonas; mas não abandonas, porque tu és o sumo bem que de modo algum deixa de encontrar quem corretamente procurou. E procurou corretamente aquele que fizeste procurar corretamente. Pai, faze que eu te procure, mas livra-me do erro; a mim que estou a te procurar, nenhuma outra coisa se apresente além de ti. Se nada mais desejo senão a ti, Pai, peço que eu te encontre logo. Mas se em mim houver algum desejo supérfluo, purifica-me tu mesmo e faze-me capaz de ver-te. Quanto ao mais, a respeito da saúde deste meu corpo mortal, confio-o a ti, pois não sei quanto ele seja útil para mim, ou para aqueles que amo, e por ele, Pai sapientíssimo e ótimo, rezarei no tempo que me admoestares:

peço somente a tua excelentíssima clemência, para que me convertas totalmente a ti e faças que nada se oponha a mim, que me dirijo a ti, e ordenes que, enquanto conduzo e carrego este mesmo corpo, eu seja puro, magnânimo, justo e prudente, seja amante e tenha percepção da tua sabedoria, digno da habitação e de ser habitante do teu beatíssimo reino. Amém. Amém.

Como progredimos conscientemente para Deus (2,7–5,11).

Capítulo 2 – Se o conhecimento de Deus pode ser suficiente

7. A. – Eis que fiz a oração a Deus.

R. – Portanto, o que desejas saber?

A. – Tudo o que pedi na oração.

R. – Resume brevemente.

A. – Desejo conhecer a Deus e a alma.

R. – Nada mais?

A. – Absolutamente nada.

R. – Então, começa a investigar. Antes, porém, se Deus se der a conhecer a ti, explica como podes dizer: Basta.

A. – Não sei como deva dar-se a conhecer a mim, para que eu diga: Basta! Pois não creio que eu saiba alguma coisa tanto como desejo conhecer a Deus.

R. – O que vamos fazer, então? Não julgas que primeiro devas saber como te seja suficiente conhecer a Deus e quando chegares a isso, não procures mais?

A. – Penso que sim, mas não vejo como se possa fazer isso. Alguma vez compreendi algo semelhante a Deus para poder dizer: da maneira como compreendo isso, assim quero compreender a Deus?

R. – Tu, que ainda não conheceste a Deus, como soubeste que não conheces nada semelhante a Deus?

A. – Porque se conhecesse algo semelhante a Deus, sem dúvida o amaria. Agora, porém, nada mais amo senão a Deus e a alma; nenhum dos quais eu conheço.

R. – Por isso, não amas os teus amigos?

A. – Amando a alma, como posso não os amar?

R. – Portanto, amas, também, as pulgas e os percevejos?

A. – Eu disse que amo a alma, não os animais.

R. – Ou os homens não são teus amigos, ou não os amas; afinal, todo homem é animal e tu dissestes que não amas os animais.

A. – São homens, e eu os amo, não por serem animais, mas porque são homens, isto é, pelo fato de terem almas racionais, as quais eu amo também nos ladrões. Pois, embora eu possa amar a razão em alguém, por direito, posso odiar aquele que usa mal aquilo que amo. Daí que tanto mais amo os meus amigos, quanto melhor usam a alma racional, ou, certamente, quanto desejam fazer bom uso dela.

Capítulo 3 – Pela razão, Deus não pode ser conhecido suficientemente

8. R. – Aceito isso. Contudo, se alguém te dissesse: Farei que conheças a Deus assim como conheces o Alípio. Não agradecerias e dirias: É suficiente?

A. – Certamente, agradeceria, mas não diria que é suficiente.

R. – Por quê? Por favor!

A. – Porque não conheço a Deus quanto conheço o Alípio, e mesmo o Alípio, não o conheço suficientemente.

R. – Cuida, então, que não seja uma insolência quereres conhecer bastante a Deus, se nem o Alípio conheces suficientemente.

A. – A conclusão não é correta. Pois em comparação com os astros, o que terá menos valor do que a minha janta? Entretanto, não sei o que hei de jantar amanhã; mas, com insolência, confesso que sei em que fase estará a lua amanhã.

R. – Portanto, para ti é suficiente conhecer a Deus, como conheceste a fase em que a lua estará amanhã?

A. – Não é suficiente: pois isso eu reconheço pelos sentidos. Porém, não sei se Deus ou alguma causa oculta da natureza, de repente, muda a ordem e o curso da lua; se isso acontecer, será falso tudo aquilo que eu havia pressuposto.

R. – E crês que isso pode acontecer?

A. – Não creio. Mas eu procuro o que saber, não o que crer. Porém, tudo o que sabemos talvez dizemos corretamente que também cremos; mas, nem tudo o que cremos, também sabemos.

R. – Por isso, neste assunto, rejeitas todo o testemunho dos sentidos?

A. – Rejeito-o inteiramente.

R. – E então, aquele teu amigo, que disseste ainda não conhecer, queres conhecê-lo com o sentido ou com o intelecto?

A. – Na verdade, o que dele conheço pelo sentido, se pelo sentido se conhece alguma coisa, é de pouco valor e é suficiente; porém, a parte pela qual ele é meu amigo, isto é, a própria alma, desejo alcançá-la pelo intelecto.

R. – Pode-se conhecer de outra forma?

A. – De modo algum.

R. – Por isso, ousas dizer que te é desconhecido o teu amigo, que te é tão familiar?

A. – Por que não ousaria? Afinal, considero que é justíssima aquela lei da amizade pela qual se prescreve *que alguém ame o amigo nem menos nem mais do que a si mesmo* (cf. Lv 19,18). E assim, já que não me conheço a mim mesmo, como pode que eu cause a ele uma ofensa quando digo que não o conheço, principalmente, segundo creio, quando nem ele próprio se conhece?

R. – Portanto, se o que desejas saber são coisas do gênero que o intelecto alcança, quando eu dizia que com insolência querias conhecer a Deus, quando não conheces o Alípio, não devias apresentar-me a comparação do teu jantar e da lua, uma vez que essas coisas, como disseste, pertencem ao sentido.

Capítulo 4 – Pela autoridade, Deus não é conhecido

9. R. – Quanto a nós, porém, responde agora o seguinte: Se o que Platão e Plotino disseram sobre Deus é verdadeiro, ser-te-ia suficiente conhecer a Deus como eles o conheceram?

A. – Se o que disseram é verdadeiro, necessariamente não significa também que eles soubessem essas coisas. Afinal, muitos falam longamente daquilo que não sabem, como eu mesmo disse que desejava conhecer tudo o que pedi na oração, o que não desejaria se já o conhecesse. Será que, por isso, não pude dizê-lo? Pois não expressei o que compreendi pelo intelecto, mas as coisas que havia mandado para algum lugar da memória, as quais acomodei com a fidelidade que pude. Saber, porém, é outra coisa.

R. – Dize, então, sabes ao menos o que seja uma linha, em geometria?

A. – Sei isso perfeitamente.

R. – E nessa declaração não temes os Acadêmicos?

A. – Absolutamente, não. De fato, eles não querem que o sábio erre, mas eu não sou sábio. Por isso, também, não temo confessar que conheço as coisas que realmente conheço. Porque, se eu chegar à sabedoria, segundo desejo, farei o que ela aconselhar.

R. – A nada me oponho. Mas, como eu havia começado a perguntar, assim como conheceste uma linha, conheceste também uma bola, que chamam de esfera?

A. – Conheci.

R. – Conheceste a ambas de modo igual, ou uma mais ou menos do que a outra?

A. – Certamente, de modo igual. Pois, em ambas, em nada me engano.

R. – Quanto a estas coisas, percebeste-as pelos sentidos ou pelo intelecto?

A. – Nesse assunto, tenho experiência dos sentidos quase como se fosse de uma nave. Pois quando os sentidos me levaram ao lugar para qual me dirigia, onde os deixei, e já, como que posto em terra, comecei a revolver estes pensamentos e por muito tempo os pés me vacilaram. Por isso, pareceu-me que poderia antes navegar na terra do que perceber a ciência geométrica pelos sentidos, embora, para os que começam a aprender, pareçam ajudar um pouco.

R. – Portanto, não duvidas chamar de ciência a disciplina destas coisas, se é que tens alguma?

A. – Não, se os Estoicos permitirem, pois a ninguém atribuem a ciência, senão ao sábio. Não nego que, decididamente, tenho a percepção deles, que eles concedem, também, à ignorância. Mas nem destes eu tenho algum medo. Na verdade, considero ciência as coisas sobre as quais interrogaste: podes continuar; verei aonde queres chegar com o que perguntas.

R. – Não tenhas pressa, estamos sem ocupação. Apenas, presta atenção ao concordar, para não conceder alguma coisa temerariamente. Procuro deixar-te contente com as coisas das quais não tenhas de temer nenhum caso; e como se fosse um assunto pequeno, mandas apressar?

A. – Deus queira fazer como dizes. Por isso, instado por teu arbítrio, que eu seja censurado mais severamente, se algo acontecer depois disso.

Ao homem basta conhecer os números.

10. R. – Portanto, para ti, é claro que, de modo algum, uma linha pode ser dividida longitudinalmente em duas linhas?

A. – Claro.

R. – E transversalmente?

A. – Então, pode ser cortada ao infinito.

R. – Mas, em relação à esfera, é igualmente evidente que em qualquer ponto que a partir do centro se traçar um círculo, não pode haver dois círculos iguais?

A. – Absolutamente evidente.

R. – E a linha e a esfera? Parece-te que são uma só coisa, ou diferem entre si?

A. – Quem não vê que diferem muito?

R. – Ora, se conheceste de modo igual ambas as coisas e se, todavia, segundo declaras, diferem muito entre si, então, de coisas diferentes existe uma indiferente ciência.

A. – E quem negou?

R. – Tu, pouco antes. Pois quando te perguntei como querias conhecer a Deus para poderes dizer: basta, respondeste que não podias explicar isso, porque não tinhas conhecido nada do mesmo modo que desejas conhecer a Deus, pois não conheces nada semelhante a Deus. Então, o que concluímos: a linha e a esfera são semelhantes?

A. – Quem teria dito isso?

R. – Mas eu havia perguntado, não se conhecias algo semelhante, mas se conhecias algo como desejas conhecer a Deus. Ora, conheceste a linha do mesmo modo como conheceste a esfera, embora a linha não seja igual à esfera. Por isso, responde-me se te basta conhecer a Deus como conheceste a esfera geométrica; isto é, de modo que nada duvides de Deus, como nada duvidas dela.

Capítulo 5 – Deus não é conhecido do mesmo modo que se conhecem os números

11. A. – Por favor, embora veementemente insistas e me convenças, contudo, não ouso afirmar que quero conhecer a Deus como conheço essas coisas. Pois não só a coisa, mas também a própria ciência parece-me ser diferente. Primeiramente, porque nem a linha e a bola são tão diferentes entre si que uma única disciplina não contenha do conhecimento delas: afinal, nenhum geômetra afirmou que ensina a Deus. Em segundo lugar, se a ciência de Deus e dessas coisas fosse igual, conhecendo essas coisas eu me alegraria tanto quanto, suponho, haveria de me alegrar pelo conhecimento de Deus. Agora, porém, desprezo muitíssimo essas coisas em comparação com ele, de modo que se eu chegar a compreendê-lo e vê-lo do modo como pode ser visto, parece-me que todas as coisas cairiam de minha mente, visto que agora, por amor dele, mal me chegam à mente.

R. – Concordo que tendo conhecido a Deus hás de ter mais e muito mais prazer do que com o conhecimento destas coisas; todavia, não pela diferença das coisas e do intelecto, a não ser, talvez, que contemples a terra com um olhar e com outro, o céu sereno, já que a aparência daquela te acaricia muito mais do que a deste. Entretanto, se os olhos não se enganam, creio que, interrogado se estás tão certo de ver a terra como vês o céu, deves responder que tens a mesma certeza, embora não te alegres tanto com a beleza e o esplendor a terra, como com a beleza e o esplendor do céu.

A. – Confesso que esta comparação me toca e sou levado a aprovar que, no seu gênero, quanto a terra é diferente do céu, tanto estas afirmações verdadeiras e certas das disciplinas diferem da majestade inteligível de Deus.

Como nos aproximamos de Deus curando-nos e contemplando a luz (6,12– 8,15).

Capítulo 6 – Aproximamo-nos de Deus: a) curando-nos

12. R. – Estás indo bem. De fato, a razão, que fala contigo, promete que há de mostrar Deus à tua mente como o sol se mostra aos olhos. Pois as faculdades da alma são como os olhos de sua mente; mas como as certíssimas coisas das ciências são tais como as coisas que são iluminadas pelo sol, para que possam ser vistas, assim é a terra e tudo o que é terreno: mas o próprio Deus é quem ilumina. Eu, porém, a razão, estou nas mentes como a visão está nos olhos. Porém, ter olhos não é a mesma coisa que olhar, ou olhar não é a mesma coisa que ver. Portanto, a alma necessita de três coisas: que tenha olhos, que possa usar bem, para que olhe e para que veja. O olho da alma é a mente, pura de toda a mancha do corpo, isto é, já afastada e purificada dos desejos

das coisas mortais, o que, em primeiro lugar, somente a fé lhe pode conceder. Isso, porém, ainda não lhe pode ser mostrado, por estar manchada e doente pelos vícios, porque não pode ver se não estiver sã e, se não crer que há de ver, ela não se dá ao trabalho de buscar sua saúde. Mas, então, se realmente crer que a coisa acontecerá como se diz e que ela há de ver, se puder ver, todavia, perde a esperança de ser curada, não vai resistir e desprezar completamente e deixar de obedecer às ordens do médico?

A. – Realmente é assim, sobretudo porque é necessário que o doente sinta as duras ordens.

R. – Portanto, à fé deve-se acrescentar a esperança.

A. – Assim creio.

R. – É o que acontecerá, se crer que assim tem todas as coisas, e esperar que pode ser curado e, todavia, não amar nem desejar a própria luz que é prometida, mas julgar que deva ficar contente com suas trevas, que já são agradáveis por costume, por acaso não rejeitará inteiramente aquele médico?

A. – Certamente assim é.

R. – Portanto, em terceiro lugar, é necessária a caridade.

A. – Simplesmente, nada é tão necessário.

R. – Por isso, sem estas três coisas nenhuma alma é curada, para que possa ver o seu Deus, isto é, compreendê-lo.

b) contemplando,

13. R. – Portanto, quando tiver os olhos curados, o que resta?

A. – Que olhe.

R. – O olhar da alma é a razão. Mas porque não se segue que todo aquele que olha vê, o olhar correto e perfeito, isto é, ao qual segue a visão, chama-se virtude; então, a virtude é a razão correta e perfeita. Mas também o próprio olhar, embora tenha os olhos sãos, não pode voltá-los para a luz, se não estiverem presentes essas três coisas: a fé, pela qual creia que possui a coisa, para a qual deve ser voltado o olhar, vendo-a o torne feliz; a esperança, pela qual, se olhar bem, pressupõe que o há de ver; a caridade, pela qual deseja ver e ter grande alegria. Já ao olhar segue a própria visão de Deus, que é o alvo do olhar; não porque já deixe de existir, mas porque nada mais tem a que aspirar. E esta é, verdadeiramente, a perfeita virtude, a razão que atinge o seu fim, da qual se segue a vida feliz. Contudo, a própria visão é aquele intelecto que existe na alma, que se compõe de quem compreende e de quem é compreendido. Como o que se diz ver nos olhos, que consiste no mesmo sentido que o objeto, e faltando qualquer um deles, nada pode ser visto.

Capítulo 7 – c) Vendo

14. R. – Portanto, depois que a alma conseguiu ver a Deus, isto é, compreender a Deus, vejamos se aquelas três coisas ainda lhe são necessárias. A fé, por que é necessária, se já vê? A esperança, de forma alguma, porque já o possui. À caridade, porém, nada se subtrai, mas se acrescenta muito,

pois quando vê aquela singular e verdadeira beleza, amá-la-á ainda mais, e não poderá permanecer naquela felicíssima visão, a não ser fixando o olho com grande amor e não desviando o olhar para outro lugar. Mas, enquanto a alma estiver neste corpo, ainda que veja muito bem, isto é, compreenda a Deus, contudo, porque também usa os sentidos do corpo para a obra própria, certamente, não para enganar, todavia, não para nada fazer, a fé pode ser chamada de força que lhe resiste e se crê antes que aquilo seja verdadeiro. Igualmente, porque nesta vida, embora tenha compreendido a Deus, a alma já seja feliz, todavia, porque sustenta muitas doenças corporais, é de esperar que, após a morte, todos esses incômodos não subsistirão. Portanto, enquanto está nesta vida, também a esperança não abandona a alma. Mas, depois desta vida, quando ela se recolher totalmente em Deus, resta a caridade, pela qual ela ali permanece. Pois não se pode dizer que ela tenha fé que aquelas coisas são verdadeiras, quando não for atraída por nenhuma solicitação de coisas falsas, nem que lhe reste alguma coisa a esperar, já que, segura, possui tudo. Por isso, três coisas interessam à alma: que seja sã, que olhe e que veja. As outras três, porém, a fé, a esperança e a caridade, são necessárias, em primeiro lugar, para aquelas três; em segundo lugar são sempre necessárias; em terceiro lugar, nesta vida, permanecem todas; depois desta vida, só a caridade.

Capítulo 8 – Como o homem pode ver a Deus

15. R. – Agora, já que o tempo presente no-lo solicita, aceita que eu ensine também alguma coisa sobre Deus pelas comparações das coisas sensíveis. Sem dúvida, Deus é inteligível, e inteligíveis são, também, as afirmações das ciências; todavia, são muito diferentes. Pois tanto é visível a terra, como também a luz; mas a terra não pode ser vista, se não for iluminada pela luz. Portanto, as coisas que são ensinadas nas ciências, aquelas que alguém entende e, sem dúvida alguma, as concede como muito verdadeiras, deve-se crer que elas não podem ser entendidas se não forem esclarecidas por outro, como que por um sol. Portanto, como neste sol é permitido perceber três coisas: que existe, que brilha, que ilumina, assim naquele secretíssimo Deus a quem queres compreender, existem três coisas: que existe, que é conhecido e faz que se conheçam as outras coisas. Ouso ensinar-te estas duas coisas, isto é, que conheças a ti mesmo e a Deus. Mas responde: como aceitas essas coisas, como prováveis ou como verdadeiras?

A. – Plenamente, como prováveis; e deve-se confessar que surgi com maior esperança, pois ouso dizer que, além das duas coisas sobre a linha e a bola, nada me disseste que eu soubesse.

R. – Não é de admirar, pois até agora nada foi exposto de modo que devesse ser exigida a tua percepção.

Para onde Agostinho
avançou (9,16–13,23).

Capítulo 9 – Examina-se para onde avançou – a) pela prudência, que é a própria razão moderadora

16. R. – Mas por que nos detemos? O caminho deve ser empreendido: todavia, vejamos o que vem antes de tudo, se estamos com saúde.

A. – Isso compete a ti, se podes olhar um pouco em ti ou em mim: Sendo perguntado, responderei o que penso.

R. – Amas alguma coisa além do conhecimento do teu Deus?

A. – Pelo que sinto agora, eu poderia responder que nada amo mais; porém, com maior segurança, respondo que não sei. Pois, como me tem ocorrido muitas vezes, quando eu acreditava que não me comoveria por nenhuma outra coisa, contudo, vinha-me à mente alguma coisa que me tocava muito diferentemente do que pressupunha. Igualmente, embora muitas vezes não me preocupasse com alguma coisa que me caísse no pensamento, na verdade, porém, ao vir, perturbava-me mais do que pensava. No momento, porém, vejo que posso ser comovido somente por três coisas: o medo de perder aqueles que amo, o medo da dor, o medo da morte.

R. – Portanto, amas a vida dos que te são caros vivendo contigo, a tua boa saúde e a tua própria vida neste corpo, pois, de outra forma, não temerias a perda dessas coisas.

A. – Confesso que assim é.

R. – Então, agora que nem todos os teus amigos estão contigo e que tua saúde é menos total, isso causa ao espírito alguma aflição: vejo que também isso é consequente.

A. – Vês corretamente; não posso negar.

R. – Mas se, de repente, sentisses e comprovasses que teu corpo está sadio e visses todos aqueles que amas gozando contigo, de bom ânimo, desse momento livre, isso também não te causaria bastante alegria?

A. – Realmente, bastante. E até, sobretudo se, como dizes, essas coisas acontecerem de repente, quando me conteria, ou quando permitiria dissimular este tipo de prazer?

R. – Por isso, ainda te agitas com todas as tristezas e perturbações do espírito. Portanto, não é uma certa impudência o fato de tais olhos quererem ver aquele sol?

A. – Concluíste, assim, como se eu não sentisse quanto melhorou a minha saúde ou quanto a doença cedeu, e quanto resistiu. Permite-me admitir isso.

Capítulo 10 – b) pela temperança, moderadora das paixões

17. R. – Não vês que estes olhos do corpo, ainda que sadios, muitas vezes refletem e afastam-se pela luz deste sol e se refugiam naquela

sua obscuridade? Mas tu pensas no que progrediste e não pensas no que queres ver; e, todavia, discutirei contigo exatamente aquilo em que julgas termos feito progresso. Não desejas riquezas?

A. – Certamente, isso agora não está em primeiro lugar. Pois, tendo trinta e três anos, passaram quase catorze anos desde que deixei de desejar estas coisas, e não pensei mais nelas, se por acaso me forem oferecidas, além do necessário para o alimento e para seu livre uso. Realmente, um livro de Cícero facilmente me convenceu de que as riquezas, de modo algum, devem ser ambicionadas, mas, se aparecerem, devem ser administradas com muita sabedoria e cautela.

R. – E quanto às honras?

A. – Confesso que deixei de desejá-las há pouco tempo, nesses dias.

R. – E uma esposa? Não te causaria prazer, desde que seja bonita, honesta, de bons costumes, culta, ou que facilmente pudesse ser instruída por ti, mesmo trazendo apenas um dote, pois desprezas as riquezas, para que realmente ela não seja onerada por causa do teu repouso, sobretudo se esperas e estás certo de que por ela não sofrerias nenhuma contrariedade?

A. – Por mais que queiras pintá-la e cumulá-la de todos os bens, decidi que de nada devo fugir mais do que da união conjugal: penso que nada existe que possa abater mais o espírito viril do que as carícias femininas e o contato dos corpos, sem o qual não se pode ter uma esposa. Por isso, se é obrigação do sábio dedicar-se aos filhos (o que ainda não descobri), e só por causa disso ele se une conjugalmente, pode parecer-me que ele deve ser admirado, mas de modo algum imitado; pois há mais perigo em tentar do que mais felicidade em poder. Por isso, creio que, para a liberdade da minha alma, bastante justa e utilmente decretei não desejar, nem procurar uma esposa, nem me casar.

R. – Agora não pergunto o que decretaste, mas se ainda lutas ou se já venceste a sensualidade. Pois se trata da saúde dos teus olhos.

A. – Certamente, nada disso procuro, nada desejo; também, recordo-me de tais coisas com horror e com desprezo. Que mais queres? Dia após dia, este bem cresce em mim, pois quanto mais aumenta a esperança de ver aquela beleza pela qual veementemente me abraso, tanto mais a ela se converte todo o amor e o prazer.

R. – Que dizes do prazer dos alimentos? Qual é o teu cuidado?

A. – As coisas que decidi não comer, em nada me atraem. Mas com aquelas que não eliminei, confesso que sinto prazer; de tal forma, porém, que não há nenhuma comoção de espírito quando, depois de vistas e degustadas, são retiradas. Porém, quando simplesmente não estão presentes, este desejo não ousa aparecer para impedir minhas reflexões. Mas não me perguntes absolutamente nada sobre comida e bebida, ou sobre banhos e outros prazeres do corpo. Desejo essas coisas apenas enquanto podem auxiliar para a saúde.

Capítulo 11 – c) pela justiça do direito e da união...

18. R. – Progrediste muito; todavia, as coisas que restam são um grande obstáculo para ver aquela luz. Mas penso em algo que me parece

fácil de mostrar; ou nada nos resta para dominar, ou não progredimos absolutamente em nada e permanece o veneno de todas as coisas que acreditamos cortadas. Pois te pergunto, se de outra forma fores convencido de que não podes viver no estudo da sabedoria com os muitos que te são caríssimos, a não ser que um grande patrimônio familiar possa sustentar as vossas necessidades, não desejarias as riquezas e optarias por elas?

A. – Concordo.

R. – E então, se também acontecer que a muitos haverás de transmitir a sabedoria, que, por causa da honra, há de crescer a tua autoridade e que os teus próprios familiares não possam moderar suas ambições e se dedicarem a procurar a Deus, a não ser que também eles sejam honrados, e isso não possa acontecer senão por tuas honras e dignidade? Não se deverá desejar estas coisas e empenhar-se muito para que aconteçam?

A. – É como dizes.

R. – Já não discuto sobre a esposa, pois, talvez, tal necessidade, de casar-se, pode não existir, embora seja certo que, com seu grande patrimônio, podes sustentar todos aqueles que desejas que contigo vivam despreocupados em um único lugar e, também, ela permitir isso, sobretudo, se possuir tanta nobreza de estirpe que, por meio dela, possas facilmente conseguir as honras que, já o concedeste, são necessárias; não sei se faz parte de tuas obrigações desprezar isso.

A. – Quando ousarei esperar isso?

...e pela moderadora de seu espírito;

19. R. – Assim, dizes isso como se agora eu investigasse o que esperas. Não pergunto aquilo que,

negado, não causa prazer, mas aquilo que, oferecido, causa prazer. Pois uma coisa é uma peste erradicada, outra é uma peste adormecida. Com efeito, sobre isso, vale o que foi dito por alguns homens eruditos, que todos os ignorantes são insensatos, assim como toda a imundície cheira mal, o que nem sempre percebes, mas só quando mexeres. Importa muito se a cobiça é esmagada pelo desespero da alma, ou se é repelida pela saúde.

A. – Embora não possa responder-te, todavia, nunca me convencerás de que, pela disposição da mente que agora sinto em mim, eu julgue que não tenha feito progressos.

R. – Creio que isso te parece assim, porque, embora possas querer estas coisas, todavia não parece que devam ser desejadas por si mesmas, mas por causa de outra coisa.

A. – É o que eu desejava dizer: pois quando desejei riquezas, desejei-as para ser rico; e as próprias honras, que, como respondi, por ora as dominei, não sei por qual brilho delas eu queria ser alegrado; e, na mulher, sempre nada mais procurei, quando procurei, senão que me causasse prazer com a boa fama. Então, existia em mim verdadeira paixão por estas coisas; agora, desprezo-as absolutamente todas. Porém, se, para chegar àquilo que desejo, não me for dado outro caminho senão por elas, não desejo abraçá-las, mas aceito tolerá-las.

R. – Absolutamente ótimo: pois nem eu considero que se deva chamar de cobiça o desejo daquelas coisas que se exigem por causa de outra coisa.

Capítulo 12 – d) pela firmeza pela qual construímos a vida e não tememos a morte...

20. R. – Mas pergunto-te: Por que desejas que os homens aos quais amas vivam, ou vivam contigo?

A. – Para que juntos investiguemos as nossas almas e a Deus. Assim, aquele que chegar a uma conclusão por primeiro, sem esforço comunica-a aos outros.

R. – E se eles não quiserem dedicar-se a isso?

A. – Convencê-los-ei a querer.

R. – E se não puderes convencê-los, ou por que já tinham chegado à conclusão, ou por que julgam não poder chegar a ela, ou por que estão impedidos pelos cuidados e pelo desejo das outras coisas?

A. – Estarei com eles e eles comigo da maneira que pudermos.

R. – E depois, se também a presença deles te impedir de investigar? Não te esforçarás ou desejarás que, se não podem ser de outra forma, antes não estivessem contigo do que ser assim?

A. – Confesso que é como dizes.

R. – Por isso, não desejas a vida ou a presença deles por si mesma, mas porque desejas encontrar a sabedoria?

A. – Concordo perfeitamente.

R. – E, então, quanto à tua própria vida, se estivesses certo de que ela é um impedimento para compreender a sabedoria, quererias que ela continuasse?

A. – Rejeitá-la-ia totalmente.

R. – E mais, se fosses informado que, quer deixando este corpo, quer permanecendo nele, podes chegar à sabedoria, cuidarias de gozar daquilo que amas aqui ou em outra vida?

A. – Se compreendesse que nada de ruim me ocorreria que me faria retroceder do progresso feito, não me preocuparia.

R. – Portanto, agora tens medo de morrer, para não te envolveres em algum mal pior, pelo qual te seja tirado o conhecimento divino.

A. – Não só temo que me seja tirado, se, por acaso, adquiri alguma coisa, mas também que me seja fechada a entrada às coisas que muito gostaria de conseguir, embora julgue que há de ficar comigo o que possuo.

R. – Por isso, não queres que esta vida permaneça por si mesma, mas por causa da sabedoria.

A. – Assim é.

...nem as dores e os males da vida;

21. R. – Resta a dor do corpo, que, talvez, por sua força, te inquieta.

A. – E dela não tenho muito medo por outra razão, senão porque me impede a investigação. Com efeito, embora nesses dias eu tenha sido torturado por uma terrível dor de dentes que, realmente, não me deixava pensar senão nas coisas que, talvez, já tivesse aprendido; mas estava totalmente impedido de aprender, pois para isso me era necessária toda a atenção do espírito. Contudo, parecia-me que se aquele brilho da verdade se abrisse na minha mente, ou não haveria de sentir aquela dor ou, certamente, suportá-la-ia como se nada fosse. Mas, mesmo se jamais suportei algo maior, todavia, pensando muitas vezes em quantas dores mais graves possam acontecer, às vezes sou obrigado a concordar com Cornélio Celso, que diz que a sabedoria é o sumo bem, o sumo mal, porém, é a dor do corpo. E não me parece absurdo o raciocínio dele. Pois, diz ele, porque somos compostos de duas partes, isto é, de alma e de corpo, das quais a primeira parte, a alma, é a melhor, e a pior é o corpo; o sumo bem é o ótimo da melhor parte, o sumo mal, porém, é o péssimo da parte pior: ora, na alma, o ótimo é a sabedoria e, no corpo, o péssimo é a dor. Por isso, sem nenhuma falsidade, na minha opinião, conclui--se que o sumo bem do homem é o saber, o sumo mal é a dor.

R. – Mais adiante veremos essas coisas. Com efeito, talvez, a própria sabedoria, que nos esforçamos por atingir, convencer-nos-á de outra coisa. Porém, se ela mostrar que isso é verdadeiro, aceitaremos, sem nenhuma dúvida, essa afirmação a respeito do sumo bem e o sumo mal.

Capítulo 13 – e) pela sabedoria, pela qual somos levados a contemplar...

22. R. – Agora, investiguemos quanto és amante da sabedoria, que desejas ver e possuir por um castíssimo olhar e abraço, sem interpor um véu, como se estivesse nua, tal como ela não se mostra senão a seus pouquíssimos e escolhidíssimos

amantes. Na verdade, se ardesses de amor por alguma bela mulher, com razão ela não se entregaria a ti, se descobrisse que amas alguma outra além dela; então, não é assim que a castíssima beleza da sabedoria mostrar-se-á a ti somente se a ela amares apaixonadamente?

A. – Portanto, por que ainda permaneço infeliz e sou miseravelmente atormentado por um tormento? Certamente, já mostrei que não amo outra coisa, visto que aquilo que não se ama por si, não se ama. Eu, porém, amo por si somente a sabedoria e, quanto às outras coisas, isto é, a vida, a tranquilidade, os amigos, quero que estejam comigo ou que me faltem por causa dela. Porém, que limite pode ter o amor daquela beleza, na qual não somente não invejo os outros, mas também peço a muitos que a desejam comigo, comigo a admirem, comigo a mantenham e comigo a gozem, pois tanto mais serão meus amigos, quanto mais comum ela for por nós amada.

...e a ver.

23. R. – Realmente, assim convém que sejam os amantes da sabedoria. Ela procura aqueles cuja união é casta e sem contaminação alguma. Mas não se chega a ela por um único caminho. Na verdade, cada um abrange aquele bem singular e muito verdadeiro para sua saúde e firmeza. Ela é uma espécie de luz inefável e incompreensível das mentes. A luz comum nos ensina, quanto pode, como é aquela luz. Pois existem alguns olhos tão sadios e vivos que, logo que se abrirem, voltam-se para o próprio sol sem nenhuma perturbação. Para esses, de algum modo, a própria luz é saúde e não necessitam de mestre,

mas, talvez, somente de admoestação. Para esses basta crer, esperar e amar. Com efeito, os outros são feridos pelo próprio fulgor que veementemente desejam ver e, não conseguindo ver, muitas vezes, com prazer voltam para as trevas. Embora eles já possam ser considerados sadios, a esses é perigoso querer mostrar aquilo que ainda não conseguem ver. Portanto, primeiramente eles devem ser exercitados, e seu amor utilmente adiado e alimentado. Pois, em primeiro lugar, devem ser demonstradas a eles algumas coisas que não brilham por si mesmas, mas que possam ser vistas mediante a luz, como as vestes, as paredes ou algo semelhante. Depois, aquilo que na realidade não brilha por si, mas com maior beleza através daquela luz, como o ouro, a prata e as coisas semelhantes, porém, não tão radiantes que prejudiquem os olhos. Em seguida, talvez, deve ser mostrado o fogo terreno, depois os astros, depois a lua, depois o fulgor da aurora e o esplendor do amanhecer. Com isso, mais cedo ou mais tarde, quer por toda a ordem, quer tendo desprezado algumas coisas, habituando-se por sua saúde, alguém verá o sol sem perturbação e com grande prazer. Os melhores professores fazem assim com aqueles que são muito estudiosos da sabedoria e veem, embora não seja perfeitamente. Ora, é função de uma boa disciplina chegar à sabedoria com certa ordem, mas sem ordem mal se crê na felicidade. Mas, por hoje, creio que já escrevemos o suficiente; deve-se poupar a saúde.

Desespera novamente

e subjuga a questão
(14,24–15,30).

Capítulo 14 – Desespera-se quando se afastar dos sentidos...

24. No dia seguinte:

A. – Se puderes, disse eu, indica-me, por favor, aquela ordem. Guia-me, para onde queres, pelas coisas que queres, como queres. Ordena quaisquer coisas duras, quaisquer árduas, contanto que estejam a meu alcance, pelas quais não duvide que hei de chegar ao que desejo.

R. – Existe uma única coisa que posso prescrever-te; nada mais conheci. Devemos fugir totalmente destas coisas sensíveis e precaver-nos muito, enquanto vivemos neste corpo, para que nossas asas não sejam impedidas por algum visco seu. É necessário que estejam íntegras e perfeitas para voarmos destas trevas para aquela luz, que, certamente, não se digna mostrar aos que estejam fechados nesta jaula, a não ser que sejam tais que, após tê-la quebrado ou destruído, possam fugir para seus ares. Por isso, quando estiveres em condição tal que absolutamente nada do que for terreno te cause prazer, acredita-me, no mesmo instante, no mesmo ponto do tempo, verás aquilo que desejas.

A. – Pergunto-te, quanto isso acontecerá? Com efeito, creio que não posso chegar a ter o máximo desprezo por essas coisas, se não vir aquilo em cuja comparação tais coisas tornam-se desprezíveis.

...e puder ver a verdadeira luz,

25. R. – Desse modo, também este olho do corpo poderia dizer: não hei de amar as trevas quando vir o sol. Com efeito, quase parece que também isso pertence à ordem, o que é muito diferente. Pois ama as trevas porque não é sadio e não pode ver o sol, a não ser sadio. E, muitas vezes, o espírito se engana pelo fato de julgar-se sadio e gloriar-se disso; e porque ainda não vê, lamenta-se como se tivesse direito. Mas aquela beleza sabe quando há de se mostrar. Com efeito, ela desempenha a função de médico, e sabe quais são os sadios melhor do que aqueles que estão sendo curados. Porém, parece-nos ver quanto emergimos e que progressos fizemos; mas não nos permitimos pensar ou sentir quanto estávamos submersos e, em comparação com uma doença mais grave, cremos que estávamos sadios. Não percebes com quanta segurança falávamos no dia de ontem que já não seríamos detidos por nenhuma doença, que nada amaríamos senão a sabedoria e que não buscaríamos ou não quereríamos as outras coisas senão por ela? E quando discutíamos entre nós sobre o desejo da mulher, quanto te parecia vil, abominável, execrável e horrível o abraço feminino! Nesta noite, acordados, quando novamente tratávamos do mesmo assunto, sentiste quanto eras lisonjeado por aquelas carícias e amarga suavidade, de maneira diferente do que presumias; certamente muito menos do que de costume, mas igualmente muito mais do que julgavas, para que, assim, aquele secretíssimo médico te mostrasse as duas coisas: tanto do que escapaste por seu cuidado, quanto o que resta para ser curado.

...porque muitas vezes falta a virtude.

26. A. – Cala-te, por favor, cala-te. Por que me atormentas, por que escavas tanto e desces tão profundo? Já não suporto chorar, já nada

prometo, não presumo nada; para que não me perguntes sobre estas coisas. Com certeza, dizes que aquele a quem ardentemente desejo ver, sabe quando estarei curado; faça-se o que lhe aprouver: mostre-se quando lhe aprouver; já me confio totalmente à sua clemência e ao seu cuidado. Uma vez acreditei que assim ele não deixará de erguer os que se dedicam a ele. Eu nada falarei sobre a minha saúde, a não ser quando vir aquela beleza.

R. – Em uma palavra, não faças mais nada. Mas, agora, contenha-te das lágrimas e aperte o coração. Realmente, choraste muito e isto, absolutamente, piora gravemente esta doença do teu peito.

A. – Queres que minhas lágrimas tenham fim, quando não vejo o fim de minha miséria? Ou me mandas cuidar da saúde do corpo, quando eu mesmo sou consumido pela doença? Mas, se tens algum poder sobre mim, peço-te que tentes conduzir-me por um algum atalho, para que, por alguma aproximação daquela luz que se fiz algum progresso já posso tolerar, repugne-me voltar os olhos para aquelas trevas que abandonei. Todavia, se podem ser consideradas como abandonadas, aquelas que ainda ousam acariciar a minha cegueira.

Capítulo 15 – Quando novamente admite:

a) que existe a verdade e o verdadeiro;

27. R. – Se for do teu agrado, concluamos este primeiro volume, para que, já no segundo, iniciemos um caminho que pareça oportuno.

Pois não devemos deixar de exercitar-nos moderadamente, por causa de teu estado.

A. – Não permitirei absolutamente que se conclua este libelo, a não ser que me reveles um pouco sobre a proximidade da luz pela qual me empenho.

R. – Dirija-te aquele médico, pois não sei que fulgor me convida e move a conduzir-te. Por isso, fique atento.

A. – Peço-te que me conduzas e me leves para onde quiseres.

R. – Com certeza, dizes que queres conhecer a alma e a Deus?

A. – Esta é toda a minha ocupação.

R. – Nada mais?

A. – Absolutamente nada.

R. – Então, não queres compreender a verdade?

A. – Não posso conhecer a estas, senão por aquela.

R. – Portanto, primeiro deve-se conhecer a verdade, pela qual podem ser conhecidas aquelas.

A. – Nada nego.

R. – Por isso, primeiramente, vejamos o seguinte: sendo que verdade e verdadeiro são duas palavras, parece-te, também, que estas palavras significam duas coisas, ou uma somente?

A. – Parecem significar duas coisas. Pois, assim como uma coisa é a castidade, e outra coisa é o casto, e muitas coisas dessa maneira; assim, creio que uma coisa é a verdade e outra o que se diz verdadeiro.

R. – Qual destas duas julgas que seja mais excelente?

A. – Sou de opinião que é a verdade. Pois não é a castidade que se faz pelo casto, mas pela castidade se faz o casto; assim também, se algo é verdadeiro, certamente o é pela verdade.

b) que a verdade não morre;

28. R. – E, então, quando morre um casto, pensas que a castidade também morre?

A. – De modo algum.

R. – Portanto, quando desaparece algo que é verdadeiro, não desaparece a verdade.

A. – Mas como desaparece algo que é verdadeiro? Não vejo como.

R. – Admiro-me que perguntas isso; não vemos milhares de coisas desaparecerem ante os nossos olhos? A não ser que julgues que esta árvore, ou é árvore, mas não é verdadeira, ou certamente não pode desaparecer. Embora não creias nos sentidos, poderias responder que absolutamente não sabes que seja uma árvore; todavia não negarás, segundo opino, que se é uma árvore, trata-se de uma árvore verdadeira: pois isso não se julga pelo sentido, mas pela inteligência. Pois se for uma árvore falsa, não é árvore; mas se for uma árvore, necessariamente é verdadeira.

A. – Concordo com isso.

R. – E quanto a esta outra sentença: concedes que a árvore pertence ao gênero de coisas que nascem e desaparecem?

A. – Não posso negar.

R. – Portanto, conclui-se que algo que é verdadeiro, desaparece.

A. – Não contradigo.

R. – Não te parece, então, que desaparecendo coisas verdadeiras, não desaparece a verdade, como não desaparece a castidade quando morre um casto?

A. – Também isso concedo, e espero muito saber em que pensas.

R. – Portanto, presta atenção.

A. – Estou atento.

c) que Deus se aproxima dele.

29. R. – Não te parece verdadeira esta sentença: o que existe, necessariamente deve existir em algum lugar?

A. – Nada me leva a consentir.

R. – Mas confessas que a verdade existe.

A. – Confesso.

R. – Portanto, é necessário procurá-la onde está; mas não existe num lugar, a não ser, talvez, se julgares que algo além do corpo esteja no lugar, ou que a verdade seja o corpo.

A. – Não admito nada disso.

R. – Por isso, onde crês que ela esteja? Pois concedemos que ela exista em algum lugar.

A. – Se eu soubesse onde ela está, talvez nada mais procuraria.

R. – Ao menos podes saber onde ela não está?

A. – Se recordares, talvez poderei.

R. – Certamente, não está nas coisas mortais. Com efeito, o que existe não pode permanecer em outro, se não permanecer aquilo em que está. E pouco antes concordamos que a verdade permanece mesmo que desapareçam as coisas verdadeiras. Por isso, a verdade não está nas coisas mortais. Mas a verdade existe e não está em nenhum lugar. Por isso, existem coisas imortais. Mas nada é verdadeiro se nele não existir a verdade. Dessa maneira, conclui-se que não existem coisas verdadeiras, senão as que são imortais. E toda a árvore falsa, não é árvore, uma madeira falsa não é madeira e uma falsa prata não é prata, e aquilo que é falso, absolutamente não existe. Realmente, tudo o que não é verdadeiro, é falso. Por isso, corretamente, diz-se que nada existe, a não ser as coisas imortais.

Reflete diligentemente contigo mesmo este pequeno raciocínio, para que se veja se não há algo que não devas conceder. Pois se for confirmado, teremos realizado, plenamente, toda a tarefa, o que, talvez aparecerá melhor no outro livro.

30. A. – Sou agradecido, e refletirei, diligentemente e com cautela, comigo mesmo e contigo estas coisas, quando estivermos em silêncio, se não se interpuser nenhuma treva que também me cause seu prazer, o que receio veementemente.

R. – Acredita constantemente em Deus e, quanto puderes, entrega-te totalmente a ele. Não queiras ser como que independente e no teu poder, mas declara que és servo de seu clementíssimo e utilíssimo Senhor. Todavia, de modo que ele não deixe de erguer--te para si e nada permita que te aconteça senão o que te seja útil, mesmo que não o saibas.

A. – Por ora, está bem, depois farás o que a própria percepção propuser.

LIVRO II

Se a força da razão demonstra que verdadeiramente a alma existe e não morre

Primeiramente é perguntado se a alma verdadeiramente existe, o que sempre seja falso (1,1–5,8).

Capítulo 1 – Em primeiro lugar, se o homem sabe que vive e compreende

1. A. – Nosso trabalho foi suficientemente interrompido e o amor é impaciente, e não há fim para as lágrimas se não se conceder ao amor aquilo que se ama. Por isso, iniciemos o segundo livro.

R. – Iniciemos.

A. – Cremos que Deus há de estar presente.

R. – Certamente, cremos, se isto estiver em nosso poder.

A. – O nosso poder é ele próprio.

R. – Então, quanto puderes, reza brevíssima e perfeitamente.

A. – Deus sempre o mesmo, que eu me conheça, que te conheça. Feita a oração.

R. – Tu, que queres conhecer-te, sabes que existes?

A. – Sei.

R. – De onde sabes?

A. – Não sei.

R. – Sentes que és um ser simples ou múltiplo?

A. – Não sei.

R. – Sabes que te moves?

A. – Não sei.

R. – Sabes que tu pensas?

A. – Sei.

R. – Portanto, é verdadeiro que tu pensas.

A. – Verdadeiro.

R. – Sabes que és imortal?

A. – Não sei.

R. – De todas as coisas que disseste não saber, qual delas preferes saber por primeiro?

A. – Se sou imortal.

R. – Portanto, amas viver?

A. – Confesso.

R. – Então, quando souberes que és imortal, será suficiente?

A. – Realmente, será uma grande coisa, mas para mim é pouco.

R. – Todavia, isso que é pouco, quanto te alegrarás?

A. – Muito.

R. – E já não chorarás?

A. – Absolutamente nada.

R. – E, então, se concluirmos que esta vida é tal que nela não te é possível saber nada mais do que já soubeste? Abster-te-ás das lágrimas?

A. – Até chorarei tanto que a vida nada valerá.

R. – Por isso, não amas viver pelo próprio viver, mas pelo saber.

A. – Aceito a conclusão.

R. – Mas, então, se pelo próprio conhecimento das coisas te tornares infeliz?

A. – Realmente, creio que isso de modo algum pode acontecer. Mas se assim for, ninguém pode ser feliz; de fato, agora não sou infeliz por outra razão senão pela ignorância das coisas. Pois se também o conhecimento das coisas torna infeliz, a infelicidade é sempiterna.

R. – Já vejo tudo o que desejas. Pois, porque crês que ninguém é infeliz pelo conhecimento, é provável que a inteligência torne feliz; mas ninguém é feliz senão vivendo, e ninguém vive se não existir: queres existir, viver e entender, mas existir para que vivas e viver para que entendas. Portanto, sabes que existes, sabes que vives, sabes que entendes. Porém, queres saber se estas coisas persistirão sempre ou se nada disso persistirá, ou se alguma coisa permanecerá sempre e alguma coisa perecerá e, se todas hão de permanecer, se podem ser diminuídas e aumentadas.

A. – Assim é.

R. – Por isso, se provarmos que sempre haveremos de viver, seguir-se-á também que existiremos sempre.

A. – Correta a conclusão.

R. – Restará investigar sobre o entendimento.

Capítulo 2 – Em primeiro lugar, somente a verdade deve ser aprovada

2. A. – Vejo que é uma ordem muito clara e brevíssima.

R. – Portanto, agora esteja pronto a responder cautelosa e firmemente ao interrogador.

A. – Estou pronto.

R. – Se este mundo permanecer para sempre, é verdadeiro que o mundo persistirá para sempre?

A. – Quem duvidará disso?

R. – E se não permanecer? Não é verdadeiro que o mundo não há de persistir?

A. – Nada a discordar.

R. – E, quando tiver desaparecido, se é que vai desaparecer, então, não será verdadeiro que o mundo desapareceu? Pois enquanto não é verdadeiro que o mundo tenha desaparecido, não desapareceu: por isso, repugna que o mundo desaparecerá e que não é verdadeiro que o mundo tenha desaparecido.

A. – Também isso concedo.

R. – Além disso, parece-te que pode existir alguma coisa verdadeira, para que a verdade não exista?

A. – De modo algum.

R. – Por isso, existirá a verdade, ainda que o mundo desapareça.

A. – Não posso negar.

R. – E, então, se a própria verdade desaparecer, não será verdadeiro que a verdade tenha desaparecido?

A. – Também isso, quem nega?

R. – Mas o verdadeiro não pode existir, se não existir a verdade.

A. – Há pouco, já concedi isso.

R. – Portanto, de modo algum, a verdade desaparecerá.

A. – Continua como começaste, pois nada é mais verdadeiro do que este resumo.

Capítulo 3 – O que é verdadeiro e falso na maneira de ver

3. R. – Agora quero que me respondas, se, segundo te parece, quem sente é a alma ou o corpo?

A. – Parece-me que é a alma.

R. – Então, parece-te que o intelecto pertence à alma?

A. – Absolutamente, sim.

R. – Somente à alma ou a algo mais?

A. – Além da alma, nada mais vejo a não ser a Deus, onde creio estar o intelecto.

R. – Então, vejamos o seguinte: Se alguém te dissesse que esta parede não é uma parede, mas uma árvore, o que pensarias?

A. – Ou que os sentidos dele ou os meus estão se enganando, ou que ele dá esse nome à parede.

R. – E se a ele a figura aparece como uma árvore e a ti uma parede, não poderão ser verdadeiras ambas as coisas?

A. – De modo algum; porque uma mesma coisa não pode ser ao mesmo tempo uma árvore e uma parede. Com efeito, embora a cada um de nós pareçam ser uma coisa diferente, necessariamente um de nós sofre de uma falsa imaginação.

R. – E, então, se não for nem parede nem árvore, e ambos estiverem enganados?

A. – Certamente, isso pode.

R. – Portanto, acima deixaste passar isso.

A. – Confesso.

R. – E se reconhecerdes que algo vos parece ser diferente do que é, mesmo assim estariam enganados?

A. – Não.

R. – Por isso, tanto pode ser falso aquilo que se vê, como aquele que vê não se enganar.

A. – Pode.

R. – Por isso, deve-se dizer que não se engana aquele que vê coisas falsas, mas aquele que consente em coisas falsas.

A. – Deve-se concordar inteiramente.

R. – O que é o próprio falso? Por que é falso?

A. – Aquilo que é diferente do que parece.

R. – Portanto, se não houver aqueles aos quais a coisa pareça, nada é falso.

A. – É a conclusão.

R. – Por isso, a falsidade não está nas coisas, mas no sentido: mas não se engana quem não consente nas coisas falsas. Deduz-se que uma coisa somos nós, outra o sentido; realmente, quando ele se engana, nós podemos não nos enganar.

A. – Nada tenho a contestar.

R. – Mas, quando a alma se engana, nunca ousas dizer que o falso não existe?

A. – Com que razão ousaria afirmar isso?

R. – Contudo, não há sentidos sem alma, não há falsidade sem os sentidos. Por isso, ou a alma age, ou ela coopera com a falsidade.

A. – As afirmações precedentes levam-me a consentir.

Se convém que a falsidade não desapareça.

4. R. – Agora, responde o seguinte: Se parece possível que alguma vez a falsidade não exista.

A. – Como posso achar isso, quando há tanta dificuldade de encontrar a verdade, que é mais absurdo dizer que não pode existir a falsidade do que a verdade?

R. – Por acaso julgas que aquele que não vive pode sentir?

A. – Não pode acontecer.

R. – Está decidido que a alma vive para sempre?

A. – Levas-me demasiadamente rápido para as alegrias: pouco a pouco, por favor.

R. – Contudo, se aquelas coisas foram corretamente concedidas, nada vejo que se deva duvidar disso.

A. – Afirmo que é demasiado rápido. Por isso, sou mais facilmente levado a julgar que temerariamente eu tenha concedido algo, do que já esteja seguro sobre a imortalidade de alma. Todavia, desenvolve essa conclusão, e mostra como isso aconteceu.

R. – Disseste que não pode existir falsidade sem o sentido e que não pode acontecer que ela não exista; por isso, o sentido sempre existe. Entretanto, não há sentido sem alma: por isso, a alma é sempiterna. E não consegue sentir, a não ser que viva. Por isso, a alma vive para sempre.

Capítulo 4 – A razão flutua reunindo os desejos de Platão e de Plotino sobre a alma do mundo...

5. A. – *Ó que punhal de chumbo!* (Cícero, *De fin.* 4, 18, 48). Com efeito, poderias concluir que o homem é imortal e que o mundo é sempiterno, se eu te tivesse concedido que este mundo não pode subsistir sem o homem.

R. – De fato, estás bem atento. Todavia, não é pouco o que conseguimos: que a natureza das coisas não pode existir sem a alma, a não ser, talvez, que na natureza das coisas, às vezes, não houver falsidade.

A. – Confesso que, na verdade, isso é consequente. Mas creio que se deve refletir mais, se não são incertas as coisas acima concedidas, pois percebo que não foi feito um passo pequeno para a imortalidade da alma.

R. – Refletiste suficientemente, para não concederes algo temerariamente?

A. – Certamente, o suficiente, mas nada vejo de que me acusar de temeridade.

R. – Portanto, está decidido que não pode existir a natureza das coisas sem uma alma viva.

A. – Até agora está decidido que, alternadamente, algumas coisas podem nascer, outras morrer.

R. – E, então, se a falsidade for eliminada da natureza das coisas, não pode acontecer que todas as coisas sejam verdadeiras?

A. – Vejo que há consequência.

R. – Responde: de onde percebes que esta parede é verdadeira?

A. – Porque não sou enganado pela visão dela.

R. – Portanto, porque é assim como parece.

A. – Também.

R. – Por isso, se, por um lado, é falso aquilo que parece diferente do que é e, por outro, é verdadeiro aquilo que parece assim como é, eliminando-se aquele ao qual parece, algo não é nem falso, nem verdadeiro. E se, na natureza das coisas, a falsidade não existe, todas as coisas são verdadeiras. E nada pode ser visto, a não ser a alma que vive. Por isso, na natureza das coisas, a alma permanece, se a falsidade não pode ser eliminada; e permanece, também se pode ser eliminada.

A. – Vejo que se torna mais robusto aquilo que já estava concluído; mas, com este aumento nada avançamos. Todavia, permanece aquilo que mais me interessa: que as almas nascem e desaparecem e, para não faltarem ao mundo, não provêm de sua imortalidade, mas pela sucessão.

...e sobre o verdadeiro e o falso de Zenon.

6. R. – Não te parece que as coisas corpóreas, isto é, as sensíveis, podem ser compreendidas pelo intelecto?

A. – Não me parece.

R. – Mas então? Parece-te que Deus usa os sentidos para conhecer as coisas?

A. – A respeito disso, nada ouso afirmar temerariamente; mas, quanto é dado presumir, de modo algum, Deus serve-se dos sentidos.

R. – Portanto, concluímos que somente a alma não pode sentir.

A. – Por enquanto, conclua quanto provavelmente é permitido.

R. – E então? Aceitas que esta parede, se não for uma parede verdadeira, não é uma parede?

A. – Nada mais fácil de aceitar do que isso.

R. – E que algo, se não for um verdadeiro corpo, não é corpo?

A. – Aceito também isso.

R. – Portanto, se nada é verdadeiro, a não ser que seja assim como parece, e o que é corpóreo não pode ser visto senão pelos sentidos, e que não se sente senão pela alma e que se não for verdadeiro corpo, não é corpo: resta que o corpo não pode existir se não houver a alma.

A. – Insistes demais e não tenho o que opor.

Capítulo 5 – Disso se conclui que não existe o que não aparece...

7. R. – Presta muita atenção para estas coisas.

A. – Aqui estou.

R. – Certamente, esta é uma pedra, e é verdadeira, se não for diferente do que parece; e se não for verdadeira, não é pedra; e não pode ser vista senão pelos sentidos.

A. – Também.

R. – Por isso, não há pedras no mais recôndito seio da terra, nem, absolutamente, onde não haja quem as perceba; e esta pedra não existiria, se não a víssemos; nem a pedra existirá quando formos embora e ninguém mais a verá presente. E se fechas bem os compartimentos, embora coloques muitas coisas neles, não conterão nada. E, na verdade, nem a própria madeira interna é madeira, pois escapa a todo o sentido o que está na profundeza de um corpo não iluminado, e isso simplesmente força a não existir. Contudo, se existisse, seria verdadeiro; e não é verdadeiro senão aquilo que é assim como parece; mas aquela madeira não é vista, por isso não é verdadeira, a não ser que tenhas algo a responder a estas coisas.

A. – Realmente, vejo que isso procede das coisas que concedi, mas é tão absurdo que é mais fácil negar sua força do que concordar que isso seja verdadeiro.

R. – A nada me oponho. Portanto, vê o que queres dizer: que as coisas corpóreas não podem ser percebidas senão pelos sentidos, ou que somente a alma sente ou que existe a pedra ou qualquer outra coisa, mas que não é verdadeira, ou que a própria verdade deva ser definida de maneira diferente.

A. – Por favor, reflitamos sobre este último ponto.

...ou absolutamente não é falso.

8. R. – Define, então, o verdadeiro.

A. – Verdadeiro é aquilo que é como parece àquele que conhece, se quer e pode conhecer.

R. – Por isso, não será verdadeiro aquilo que ninguém pode conhecer? Depois, se é falso aquilo que parece diferente do que é, o que acontecerá se a um, esta pedra parece pedra, e a outro, madeira? A mesma coisa será falsa e verdadeira?

A. – Atrai-me mais a primeira questão: se algo não pode ser conhecido, como pode ser que não seja verdadeiro? Pois, não me preocupo demais que uma coisa seja, ao mesmo tempo, verdadeira e falsa. Na verdade, vejo que uma coisa, comparada a diversas outras, é maior e menor ao mesmo tempo. Mas disso resulta que nada é maior ou menor por si mesmo, pois estes são termos de comparação.

R. – Mas se dizes que nada é verdadeiro por si, não receias que disso se conclua que nada existe por si? Pois, assim como isso é madeira, da mesma forma, também, é verdadeira madeira. E não pode acontecer que seja madeira por si mesma, isto é, sem um conhecedor, e não seja verdadeira madeira.

A. – Portanto, digo aquilo e assim defino, nem receio que minha definição seja rejeitada, porque é breve demais: pois a mim parece ser verdadeiro aquilo que existe.

R. – Portanto, nada será falso, porque aquilo que existe, é verdadeiro.

A. – Puseste-me em grandes apuros e, simplesmente, não encontro o que responder. Acontece assim que, como não quero ser instruído senão por estas perguntas, todavia, já receio ser interrogado.

Em segundo lugar, investiga-se se a alma verdadeiramente existe e se imita o falso e o verdadeiro (6,9–14,26) a) Por comparação, o que é a falsidade (6,9–10,18).

Capítulo 6 – Novamente ora

9. R. – Deus, em quem confiamos, sem dúvida, nos auxilia e nos livra dessas dificuldades, se nele crermos e, com muita devoção, lhe pedirmos.

A. – Neste momento, certamente, nada farei com mais prazer, pois nunca passei por tanta escuridão. Deus, nosso Pai, que nos exortas a rezar e, também, concedes o que pedimos; certamente, quando te pedimos, melhor vivemos e somos melhores: ouve-me, que me agito nestas trevas e estende-me a mão direita. Acende-me tua luz, afasta-me dos erros;

e conduzido por ti, eu me volte para mim e para ti. Amém.

R. – Esteja atento o quanto podes e muito vigilante.

A. – Dize, por favor, se algo te é sugerido, para não perecermos.

R. – Esteja atento.

A. – Eis que me tens sem nada mais fazer.

Se pela visão de outra coisa, imita-se outra coisa.

10. – R. Primeiramente, reflitamos sempre de novo sobre o que é a falsidade.

A. – Admiro-me se for algo diferente daquilo que não é como parece.

R. – Antes, presta atenção e, primeiramente, interroguemos os próprios sentidos. Pois, certamente, o que os olhos veem, não se diz falso, a não ser que tenha alguma semelhança com a verdade. Como, por exemplo, o homem que vemos em sonhos, não é, por certo, um homem verdadeiro, mas falso, exatamente porque tem semelhança de verdadeiro. Mas quem, em sonho, vê um cão, também diria corretamente que sonhou com um homem? Portanto, também aquele cão é falso, porque é semelhante ao verdadeiro.

A. – É assim como dizes.

R. – E, então, se alguém acordado vê um cavalo e julgar estar vendo um homem? Não se engana que lhe apareça alguma semelhança de homem? Pois, se nada lhe aparecer, a não ser a imagem de um cavalo, não pode julgar que esteja a ver um homem.

A. – Concedo, inteiramente.

R. – Igualmente, dizemos que é falsa a árvore que vemos pintada, também que é falso o rosto que é refletido pelo espelho, também é falso o movimento das torres aos navegantes e falsa é a ruptura dos remos na água, não por outra coisa, senão porque são semelhantes.

A. – Concordo.

R. – Assim também nos enganamos nos gêmeos, nos ovos, como também em todos os carimbos impressos por um único anel e em outras coisas semelhantes.

A. – Estou absolutamente atento e concedo.

R. – Por isso, a semelhança das coisas, naquilo que se refere aos olhos, é a mãe da falsidade.

A. – Não posso negar.

As coisas produzem a semelhança pela visão.

11. R. – Mas toda esta floresta de problemas, se não me engano, pode ser dividida em dois tipos, pois parte está nas coisas iguais e parte nas inferiores. São iguais quando dizemos que tanto isto é semelhante àquilo quanto aquilo a isto, como foi dito dos gêmeos ou das impressões do anel. Nos inferiores, porém, quando aquilo que é inferior dizemos que é semelhante ao melhor. Pois, quem, ao se observar no espelho, corretamente dirá que ele é semelhante àquela imagem, e não, antes, que aquela imagem é semelhante a ele? Todavia, este tipo de semelhança, parte está naquilo que a alma percebe, parte, porém, nas coisas que são vistas. Mas exatamente o que a alma percebe, ou o percebe no sentido, como o movimento de torre que é nulo, ou o percebe em si mesma naquilo que recebe pelos sentidos, como são as visões dos que sonham e, talvez, também dos loucos. Além disso, as coisas que aparecem naquilo que vemos, umas são da natureza, outras são experimentadas ou reproduzidas pelos seres animados. Gerando ou refletindo, a natureza produz semelhanças inferiores. Gerando, quando nascem semelhantes aos pais; refletindo, como de qualquer espécie de espelhos. Mas, embora os homens fabriquem

vários tipos de espelhos, não são eles que reproduzem as imagens que eles refletem. Contudo, as obras dos seres animados estão nas pinturas e em algumas ficções desse tipo, e neste gênero também podem ser incluídas as coisas que os espíritos fazem, se é que fazem. Porém, as sombras dos corpos, porque não estão demasiadamente longe da realidade, e são consideradas semelhantes aos corpos e são como que falsos corpos, não se deve negar que pertençam ao juízo dos olhos e convém que sejam colocadas naquele tipo de coisa que é refletido pela natureza. Com efeito, é refletido todo o corpo que esteja oposto à luz e que projeta a sombra na parte oposta. Parece-te que tens algo a contradizer?

A. – Certamente, nada. Mas, veemente espero saber, aonde estas coisas vão chegar.

Se por outros sentidos uma coisa imita a outra.

12. R. – No entanto, convém que andemos com paciência, até que os outros sentidos façam saber que a falsidade mora na semelhança de coisas verdadeiras. Com efeito, no próprio ouvido, chegam quase outros tantos gêneros de semelhanças: como quando, ouvindo a voz de alguém que fala, mas que não vemos, julgamos ser qualquer outra pessoa cuja voz é semelhante; e nas coisas inferiores, ou o eco é testemunha, ou o zumbido dos próprios ouvidos, ou certa imitação do melro ou do corvo nos relógios, ou aquilo que parecem ouvir os que sonham ou os loucos. Mas as vozes fracas que os músicos chamam falsas, é incrível quanto confirmam a verdade, o que aparecerá depois: todavia também estas, que por enquanto é suficiente, não se afastam da semelhança daquelas que chamam de verdadeiras. Acompanhas estas coisas?

A. – Muito bem. Pois entendo sem esforço.

R. – Portanto, para não demorarmos, não te parece que pelo cheiro pode-se facilmente distinguir um lírio de outro lírio, ou pelo sabor o mel de tomilho do mel de tomilho de diversas colmeias, ou pelo tacto a maciez das penas de um cisne das penas de um ganso?

A. – Não me parece.

R. – E, então, quando sonharmos que cheiramos, provamos ou tocamos tais coisas, não somos enganados pela semelhança das imagens tanto mais inferiores quanto mais sem valor?

A. – Dizes a verdade.

R. – Portanto, é claro que nos enganamos em todos os sentidos, quer nas coisas iguais, quer nas inferiores, ou por uma sedutora semelhança, ou, ainda que não sejamos enganados por suspendermos o consentimento ou distinguirmos a diferença, todavia compreendemos que aquelas coisas são denominadas falsas por serem verossímeis.

A. – Não posso duvidar.

Capítulo 7 – A imitação é dos semelhantes ou dos diferentes

13. R. – Agora, presta atenção, enquanto repetimos, novamente, as mesmas coisas, para que se torne mais claro o que procuramos mostrar.

A. – Aqui estou, fala o que queres. Pois, definitivamente, decidi tolerar este rodeio e não me cansarei com isso na grande esperança de chegar aonde sinto que nos dirigimos.

R. – Fazes bem. Mas presta atenção, se te parece que, quando vemos ovos semelhantes, podemos correta-mente dizer que algum deles é falso?

A. – Parece que de modo algum. Pois todos, se não ovos, são ovos verdadeiros.

R. – Mas, então, quando vemos que a imagem pro-vém de um espelho, quais os sinais pelos quais com-preendemos que ela é falsa?

A. – Seguramente, porque não se pode pegar, não emite som, não se move por si mesmo, não vive e por inúmeras outras coisas, que seria longo continuar.

R. – Vejo que não queres deter-te e deve-se conside-rar a tua pressa. Por isso, para não repetir cada coisa, por acaso diríamos que são falsos também aqueles homens que vimos em sonhos e que poderiam viver, falar, ser tocados por aqueles que estão acordados e que nada de diferente existe entre eles e aqueles com os quais acordados e sadios conversamos e vemos?

A. – Com que motivo poder-se-ia afirmar isso corre-tamente?

R. – Portanto, se fossem tão verdadeiros quanto ver-dadeiros semelhantes aparecessem, e absolutamen-te nada distasse entre eles e os verdadeiros e fossem tão falsos quanto mais se comprovassem diferentes por aquelas ou outras diferenças, não se deveria confessar que a semelhança é a mãe da verdade, e a dessemelhança da falsidade?

A. – Não tenho o que dizer, e tenho vergonha dos meus temerários consentimentos anteriores.

Para um pouco a fim de falar consigo.

14. R. – É ridículo envergonhar-te, como se não tivéssemos escolhido este tipo de

conversação que, porque falamos só entre nós, quero chamar e intitular de SOLILÓQUIOS; certamente um nome novo e, talvez, duro, mas bastante adequado para esclarecer o assunto. Com efeito, já que não há melhor meio pelo qual se possa investigar a verdade senão perguntando e respondendo, e mal se encontre alguém que não se envergonhe de ser convencido por quem discute e, por isso, quase sempre acontece que a gritaria confusa da teimosia vaie um assunto bem introduzido para ser discutido, também com a divisão dos espíritos, geralmente dissimulada e, por vezes, também aberta. Na minha opinião, considerei muito tranquilo e comodíssimo que eu perguntasse a mim mesmo e respondesse para, com a ajuda de Deus, investigar a verdade. Por isso, não há nada a temer. Se alguma vez, temerariamente, te embaraçaste, volta atrás e soluciona; pois, de outra forma não se pode sair daqui.

Capítulo 8 – Está indecisa a razão de Agostinho

15. A. – Falas corretamente; mas não vejo bem o que eu tenha concedido mal, a não ser, talvez, quando aceitei chamar de falso aquilo que tem alguma semelhança de verdadeiro, já que, decididamente, nada mais me ocorre que seja digno do nome de falso; todavia sou obrigado a confessar que as coisas que são chamadas falsas devem ser chamadas assim enquanto diferem das verdadeiras. Disso se deduz que a própria dessemelhança é causa de falsidade. Por isso, fico confuso, pois

nada me vem facilmente à mente que provenha de causas contrárias.

R. – E, então, se este é o único gênero na natureza das coisas e somente este seja assim? Ou ignoras, se percorreres os inúmeros gêneros dos animais, que hás de encontrar que somente o crocodilo, ao mastigar, move a mandíbula superior; sobretudo, que quase não se consiga encontrar nada que seja tão semelhante em alguma coisa, que não seja também dessemelhante em algo?

A. – Sim, vejo isso; mas quando considero aquilo que chamamos de falso e que tem algo semelhante e dessemelhante com o verdadeiro, não consigo discernir de que parte mereceu o nome de falso. Com efeito, se eu disser que é por ser dessemelhante, nada existirá que não possa ser chamado de falso: afinal, nada existe que não seja dessemelhante em alguma coisa que concedemos ser verdadeira. Igualmente, se eu disser que é por ser semelhante, deve ser chamado de falso; não só reclamarão aqueles ovos que são verdadeiros porque são muito semelhantes, mas também não hei de fugir daquele que me obrigar a admitir que todas as coisas são falsas, porque não posso negar que tudo é semelhante em alguma parte. Mas supõe-se que eu não tema responder que a semelhança e a dessemelhança juntos consigam que algo seja corretamente chamado de falso, que caminho me darás para sair? Com efeito, insistir-se-á que eu declare que todas as coisas são falsas; pois, como foi dito acima, por um lado ver-se-á que todas as coisas são semelhantes e dessemelhantes entre si. Restar-me-ia dizer que nada mais é falso, senão aquilo que existisse de outra forma e assim parecesse e não temesse todos aqueles prodígios que eu observava enquanto navegasse pelo mar. Assim, novamente sou impelido por um inesperado turbilhão a dizer que é verdadeiro aquilo que é como parece. Disso se conclui que sem um conhecedor nada pode ser verdadeiro e ali eu devo temer um naufrágio nas rochas muito escondidas, que são verdadeiras, embora não sejam conhecidas. Ou se disser que é verdadeiro aquilo que é, concluir-se-á, sem que ninguém discorde, que o falso não está em parte alguma. Por isso, voltam aquelas agitações e não vejo algo que eu tenha progredido apesar de tanta paciência dos teus obstáculos.

Capítulo 9 – Falso porque enganador e mentiroso...

16. R. – Mas, presta atenção, pois de modo algum porei no espírito que tenhamos implorado o auxílio divino em vão. Com efeito, vejo que após termos tentado quanto pudemos com todas as coisas, nada restou que, com razão, fosse chamado falso, senão aquilo que ou finge ser o que não é, ou, absolutamente, tende a ser e não é. Mas o mais alto gênero de falso, ou é o enganador, ou também o mentiroso. Pois diz-se que é enganador aquilo que tem algum desejo de enganar; desejo que não pode ser entendido sem a alma: mas, em parte, realiza-se pela razão, em parte pela natureza; pela razão, nos animais racionais, como no homem; pela natureza, nos animais irracionais, como na raposa. Porém, aquele que chamo mentiroso, acontece naqueles que mentem. Estes diferem dos enganadores, porque todo enganador deseja enganar; porém, nem todo aquele que mente quer enganar; pois também as representações, as comédias e muitos poemas

estão cheios de mentiras, criadas mais pela vontade de divertir do que de enganar, e, também, quase todos os que contam piadas, mentem. Mas o falaz, ou enganador, corretamente, é aquele cuja intenção é que alguém seja enganado. Mas aqueles que não agem para enganar, mas fingem alguma coisa, ou são mentirosos apenas, ou se nem chegarem a tanto, todavia, ninguém contesta que sejam chamados de mentirosos. A não ser que tenhas a dizer algo contra isso.

... tende a ser e não é.

17. A. – Continua, por favor; pois, talvez, agora começaste a ensinar coisas não falsas sobre coisas falsas. Mas espero qual seja aquele gênero do qual disseste: tende a ser e não é.

R. – Esperas o quê? São as mesmas coisas, muitas das quais mencionamos acima. Ou não te parece que tua imagem no espelho quase quer ser tu mesmo, mas é falsa exatamente por não ser?

A. – Isso é muito claro.

R. – E que dizer de toda a pintura ou qualquer tipo de imagem e coisas do gênero dos artistas? Não lutam por ser aquilo a cuja semelhança algo foi feito?

A. – Inteiramente de acordo.

R. – Penso que concedes que as coisas pelas quais são enganados os que dormem ou os que deliram pertencem ao mesmo gênero.

A. – Nada mais do que isso: pois tais coisas nada mais tendem a ser senão aquelas que os acordados e os sadios discernem; e, todavia, são falsas, precisamente porque não podem ser aquilo a que tendem.

R. – Que mais poderia dizer sobre o movimento das torres ou sobre o remo submerso ou sobre a sombra dos corpos? Na minha opinião, é evidente que se deve medir por esta régua.

A. – Evidentíssimo.

R. – Calo-me sobre os demais sentidos, pois, refletindo, ninguém deixará de concluir que, chama-se falso, nas próprias coisas que sentimos, aquilo que tende a ser algo e não é.

Capítulo 10 – Algumas coisas são verdadeiras enquanto falsas

18. A. – Falas corretamente, mas admiro-me porque devas distinguir deste gênero aqueles poemas, piadas e outros enganos.

R. – Porque uma coisa é querer ser falso, outra é não poder ser verdadeiro. Por isso, as próprias obras dos homens, como comédias ou tragédias, ou pantomimas e outras do gênero, podemos uni-las com as obras dos pintores e dos escultores. Com efeito, é tão impossível que um homem pintado seja verdadeiro, embora tenda para a figura humana, quanto aquelas coisas que estão escritas nos livros dos cômicos. E, de fato, não querem ser coisas falsas, ou o são por algum desejo seu, mas por certa necessidade quanto puderam seguir o arbítrio daquele que representa. E, de fato, na representação, por vontade, Róscio era uma falsa Hécuba, embora por natureza fosse verdadeiro homem; mas por aquela vontade também verdadeiro ato trágico, exatamente porque cumpria o que lhe fora atribuído. Porém, era um falso Príamo, porque assemelhava-se a Príamo, mas não o era. Disso resulta algo admirável, que, todavia, ninguém duvida admitir.

A. – E o que é?

R. – O que achas, senão, que todas essas coisas, por um lado, são verdadeiras em alguns, por outro, são falsas em outros e em relação ao seu verdadeiro, isso só é útil para aqueles porque são falsas para outros? Se deixarem de ser falsas, de modo algum chegam a ser aquilo que querem ou devem ser. Pois, de que modo este que recordei, seria um verdadeiro ator trágico, se não quisesse ser um falso Heitor, uma falsa Andrômaca, um falso Hércules e inúmeros outros? Ou como seria uma verdadeira pintura, se não fosse um cavalo falso? E como a imagem de um homem refletida no espelho seria verdadeira se o homem não fosse falso? Por isso, se a alguns, para que tais coisas sejam algo verdadeiro é útil que sejam algo falso, por que tememos tanto as falsidades e desejamos a verdade como tão grande bem?

A. – Não sei, e muito me admiro, porque nesses exemplos nada vejo que seja digno de imitação. Com efeito, como comediantes, ou como coisas que se refletem nos espelhos, ou como as novilhas de bronze de Mirão, também nós, para sermos verdadeiros em nossa atitude, não devemos ser sombreados e assimilados à atitude dos outros e, por isso, sermos falsos, mas buscar aquela verdade que não seja como que uma dupla face e contrária a si pela razão, para que, por um lado, seja verdadeira e, por outro, seja falsa.

R. – Procuras coisas grandes e divinas. Todavia, se as encontrarmos, não proclamaremos que nessas coisas se realiza e como que se compõe a própria verdade, pela qual se denomina tudo o que de algum modo é chamado de verdadeiro?

A. – Espontaneamente concordo.

b) Se a disciplina de discutir é a própria razão e a verdade (11,19–21).

Capítulo 11 – O que são a arte de discutir e a gramática

19. R. – O que te parece, a ciência de discutir é verdadeira ou falsa?

A. – Quem duvida que é verdadeira? Mas também a gramática é verdadeira.

R. – Tanto como aquela?

A. – Não vejo o que seja mais verdadeiro do que a verdade.

R. – Certamente, aquilo que nada tem de falso. Há pouco, percebendo isso, ficaste descontente por aquelas coisas que, não sei como, não poderiam ser verdadeiras se não fossem falsas. Ou ignoras que todas as coisas fabulosas e claramente falsas pertencem à gramática?

A. – Certamente, não ignoro isso; mas, na minha opinião, não são falsas por causa da gramática, mas pela gramática são demonstradas tais como são. Todavia, a fábula é uma mentira composta para a utilidade e a diversão; enquanto a gramática é uma disciplina que guarda e modera a voz articulada que, por necessidade de emprego, deve reunir todas as coisas da língua humana, também as ficções, que são confiadas à memória e aos escritos, não as tornando falsas, mas ensinando e assegurando sobre elas alguma razão verdadeira.

R. – Realmente correto. Agora não me preocupo se definiste e distinguiste bem estas coisas; mas pergunto se é a própria gramática que demonstra isso, ou é a ciência de discutir.

A. – Não nego que a força e a perícia de definir, pela qual agora tentei separar estas coisas, atribui-se à arte de discussão.

Se a ciência da gramática é verdadeira.

20. R. – Que dizer da própria gramática. Se for verdadeira, não o é pelo fato de ser uma disciplina? De fato, o termo disciplina vem de *discere* = aprender, ter conhecimento. Mas ninguém pode dizer que não sabe as coisas que aprendeu e conserva; e ninguém sabe coisas falsas. Portanto, toda disciplina é verdadeira.

A. – Realmente, neste pequeno raciocínio, não vejo algo que se conceda temerariamente. Todavia, preocupo-me que por este pequeno raciocínio não pareça a alguém que também aquelas fábulas são verdadeiras, pois aprendemos e mantemos, também, aquelas.

R. – Ora, o nosso professor não queria que acreditássemos nas coisas que ele ensinava, mas que as aprendêssemos?

A. – E até insistia muito que as aprendêssemos.

R. – Alguma vez, por acaso, insistiu que acreditássemos que Dédalo voou?

A. – Na verdade, isso nunca. Mas se não retivéssemos a fábula inteiramente, fazia que mal pudéssemos manter alguma coisa nas mãos.

R. – Portanto, negas ser verdade que esta fábula existe e que, assim, Dédalo seja desacreditado?

A. – Não nego que isso seja verdade.

R. – Portanto, não negas que quando aprendeste estas coisas, aprendeste algo verdadeiro. Pois se é verdade que Dédalo voou e as crianças aprendessem e transmitissem isso como uma fábula imaginada, por isso mesmo manteriam coisas falsas, como verdadeiras seriam as coisas que transmitissem. Daí, resultou aquilo de que acima nos admirávamos, que do voo de Dédalo não poderia surgir uma verdadeira fábula, se não fosse falso que Dédalo tivesse voado.

A. – Concordo; mas aguardo o que progredimos com isso.

R. – O que senão que não é falso aquele raciocínio pelo qual deduzimos que uma ciência não pode ser verdadeira ciência se não ensinar coisas verdadeiras?

A. – E isso, o que tem a ver com o assunto?

R. – Porque quero que me digas de onde a gramática é uma ciência; pois se for ciência, então é verdadeira.

A. – Não sei o que te responder.

R. – Não te parece que de modo algum poderia ser ciência, se nela nada fosse definido e nada fosse dividido e distinto em gêneros e em partes?

A. – Agora entendo o que dizes. E não me ocorre qualquer forma de ciência na qual não haja definições, divisões e raciocínios, e desempenhem tudo aquilo pelo qual se chama ciência, de modo que se expresse o que é cada coisa, que sem confusão das partes se atribua a cada coisa o que lhe é particular, que nada de próprio se omita e nada de estranho se acrescente.

R. – Portanto, tudo aquilo pelo qual se diz verdadeira.

A. – Vejo ser consequente.

A disciplina de discutir é a própria razão e a verdade.

21. R. – Responde, agora, qual é a disciplina que contém definições, divisões e classificações.

A. – Já foi dito anteriormente que essas coisas estão contidas nas regras de discutir.

R. – Por isso, a gramática foi criada, como ciência e como sendo verdadeira, pela mesma arte já defendida por ti contra a falsidade. E me é permitido concluir isso não de uma única gramática, mas realmente de todas as ciências. Pois disseste, e disseste com razão, que não te ocorria nenhuma ciência na qual, para ser ciência, não se estabeleça o direito de definir e de distribuí-lo. E se são verdadeiras por serem ciências, alguém negará que existe a própria verdade pela qual todas as ciências são verdadeiras?

A. – Está, absolutamente, perto de eu concordar. Mas ainda me preocupa que enumeramos, também, a razão de discutir entre as mesmas ciências. Porque julgo antes que é por aquela verdade, pela qual também esta mesma razão é verdadeira.

R. – Absolutamente, ótimo e muito atento: mas não negas, creio, que é verdadeira pelo fato de ser ciência.

A. – E até é precisamente isso que me interessa. Pois percebi que também é uma ciência, e por causa disso é verdadeira.

R. – E, então, crês que esta ciência poderia existir de outra forma, a não ser que nela todas as coisas fossem definidas e divididas?

A. – Nada mais tenho a dizer.

R. – Ora, se esta é sua função, a ciência é verdadeira por si mesma. Por isso, alguém julgará admirável se as coisas que são verdadeiras por ela são verdadeiras todas as coisas, se também ela for verdade.

A. – Nada me impede de aceitar esta opinião.

*c) As coisas que
existem, como estão
no outro* (12,22).

Capítulo 12 – De dois modos algo está no sujeito

22. R. – Portanto, ouve as poucas coisas que restam.

A. – Dize, se tens algo, mas que seja de modo que eu compreenda e de boa vontade conceda.

R. – Não desconhecemos que, segundo se diz, uma coisa está em outra de duas maneiras. Uma, de tal modo que possa também se separar e estar em outro lugar, como esta madeira neste lugar, como o sol no oriente; a outra maneira, pela qual uma coisa está no sujeito de tal modo que não consiga separar-se, como a forma e a aparência desta madeira que vemos, como a luz do sol, como o calor do fogo, como a ciência do espírito e coisas semelhantes que existirem. Acaso te parece ser diferente?

A. – Na verdade, para nós, estas são coisas muito antigas, percebidas e conhecidas com muito interesse desde o início da adolescência; por isso, interrogado sobre estas coisas não posso deixar de conceder sem deliberação alguma.

R. – E a outra? Por acaso, concedes que aquilo que está, inseparavelmente, em um sujeito não pode subsistir se o próprio sujeito não permanecer?

A. – Também isso vejo que é necessário; pois, quem observar atentamente a realidade, compreende que, permanecendo o sujeito, aquilo que está no sujeito pode não permanecer. Na verdade, a cor deste corpo pode mudar em razão da saúde ou da idade, enquanto o próprio corpo ainda não se extinguirá. E isso não vale, exatamente, do mesmo modo, para todas as coisas, mas para aquelas em que existem as coisas que estão no sujeito e não naquelas que são os próprios sujeitos. Realmente, para que seja esta parede, não é preciso que a parede tenha a cor que vemos nela, porque também se, por algum motivo, ela se escurecer ou embranquecer, ou mudar para qualquer outra cor, permanece absolutamente e se chama parece. Porém, se o fogo perder o calor, simplesmente não será fogo, nem podemos chamar de neve se não for branca.

*d) a partir disso,
tenta-se explicar que
o espírito é imortal
(13,23–14,26).*

Capítulo 13 – A razão hesita se não mantiver que algum espírito não morre

23. A. – Quanto ao que perguntaste, quem concederá, ou a quem pode parecer possível que, aquilo que está no sujeito permaneça, ainda que o próprio sujeito desapareça? Realmente é extraordinário e muito longe da verdade que aquilo que não existiria se não estivesse no próprio sujeito, também pudesse existir se o sujeito não existisse.

R. – Então, foi encontrado aquilo que procurávamos.

A. – O que dizes?

R. – O que ouves.

A. – Portanto, com certeza, consta que a alma é imortal?

R. – Se as coisas que concedeste forem verdadeiras, evidentissimamente: a não ser, talvez, que digas que a alma é alma, ainda que morra.

A. – Certamente, nunca diria isso; mas, pelo próprio fato de perecer, digo que pode acontecer que a alma não exista. E não me afasta dessa opinião o que foi dito pelos grandes filósofos, que aquilo que dá a vida, venha de onde vier, não pode admitir a morte em si. Com efeito, embora a luz possa entrar em qualquer lugar, e ali iluminar, e não possa admitir as trevas em si por causa daquela admirável força dos contrários, contudo, ela se apaga e aquele lugar fica escuro quando a luz se apaga. Assim, aquilo que resistia às trevas e, de modo algum, admitia as trevas em si, ao se apagar deu lugar às trevas, como aconteceria também ao se afastar. Por isso, temo que a morte sobrevenha ao corpo como as trevas a um lugar, quer porque a alma se afasta como a luz, quer extinguindo-se a si mesmo, de modo que já não há segurança quanto à morte do corpo, mas se deva desejar algum tipo de morte pelo qual a alma seja tirada incólume do corpo e levada para o lugar, se existir tal lugar, onde não possa ser extinta. Ou, se, na verdade, nem isso é possível, e a alma se acende como uma luz no próprio corpo e não pode subsistir em outra parte e toda a morte é uma espécie de extinção da alma ou da vida no corpo, então se deve escolher algum gênero de vida, quanto é permitido ao homem, pelo qual o mesmo que se vive, seja vivido com segurança e tranquilidade, embora não sei como isso possa acontecer se a alma morre. Ó muito felizes os que por si mesmos ou por outros foram convencidos de que não se deve temer a morte, mesmo que a alma morra! Todavia, ai de mim, que nem alguns argumentos, nem alguns livros ainda não puderam persuadir.

Recupera as afirmações sobre a ciência e a verdade.

24. R. – Não te lamentes. A alma humana é imortal.

A. – Como provas isso?

R. – Por aquelas coisas que, na minha opinião, com grande cautela acima concedeste.

A. – De fato, de nada me recordo que, estando desatento, eu tenha concordado com algumas perguntas que me fizeste. Mas, peço-te, faze um resumo; vejamos aonde chegamos após tantos rodeios, e já não quero que me perguntes. De fato, se enumerares brevemente as coisas que concedi, para que se deseja novamente uma resposta minha? Acaso será para retardares em vão as minhas alegrias, se por acaso conseguimos algo de bom?

R. – Farei o que vejo que desejas, mas presta muitíssima atenção.

A. – Então, fala, aqui estou; por que maltratas?

R. – Se tudo o que é do sujeito permanece sempre, é necessário que também o próprio sujeito permaneça. E toda a ciência está no sujeito como alma. Por isso, se a ciência permanece para sempre, é necessário que a alma permaneça para sempre. Mas, a ciência é verdade e, como a razão demonstrou no início deste livro, a verdade permanece para sempre. Por isso, a alma permanece para sempre e não se diz que a alma está morta. Então, só nega a imortalidade da alma sem absurdo, quem provar que alguma das coisas acima não foi corretamente concedida.

Capítulo 14 – A razão ainda hesita...

25. A. – Já quero entregar-me às alegrias, mas estou um pouco indeciso por duas razões. Primeiramente, preocupa-me o fato de termos usado tantos rodeios, seguindo não sei que cadeia de raciocínios, quando todo o assunto poderia ser demonstrado de maneira tão breve como agora foi demonstrado. Por isso, inquieta-me que o discurso andou rodeando por tanto tempo como que para armar ciladas. Depois, não vejo como a ciência permaneça sempre na alma, sobretudo a ciência de discutir, quando tão poucos têm conhecimento dela e quem a conhece ficou sem conhecê-la por tanto tempo desde a infância. Pois não podemos dizer que as almas dos inábeis não são almas, ou que na alma existe uma ciência que eles desconhecem. Se isso for muito absurdo, resta que ou a verdade nem sempre está na alma, ou aquela ciência não é verdade.

...e pela autoridade queira esforçar-se, a não ser que seja útil que alguém a convença.

26. R. – Vês que não foi em vão que a nossa reflexão fez tantos rodeios. De fato, investigávamos o que é a verdade e agora, de fato, nesta espécie de floresta das coisas, tendo percorrido quase todos os atalhos, vejo que não pudemos investigar. Mas o que vamos fazer? Porventura, abandonamos o que começamos, e aguardamos que nos caia nas mãos algum livro de alguém, que satisfaça esta questão?

Pois creio que muitos foram escritos antes da nossa época, e não os lemos. E agora, para nada opinar sobre o que não sabemos, temos claro que sobre isso foi escrito, em verso e em prosa, por aqueles homens cujos escritos tanto não podem ser ignorados por nós, quanto conhecemos o talento deles, de modo que não podemos desesperar de encontrar em seus escritos o que queremos, sobretudo porque aqui, diante dos nossos olhos, está aquele no qual sabemos que reviveu perfeitamente a própria eloquência que chorávamos como morta. Acaso ele nos permitirá que, depois de, por seus escritos, ter ensinado o modo de viver, ignoremos a natureza de viver?

A. – Simplesmente, não creio e muito espero disso. Mas só lamento, que tanto a ele como à sabedoria não conseguimos manifestar-lhe, como queremos, o nosso ardor. Pois, com certeza, ele se compadeceria de nossa sede e nos inundaria muito mais depressa do que agora. Realmente, ele está certo de que já se convenceu totalmente sobre a imortalidade da alma e não sabe que, talvez, existam alguns que conheceram muito a miséria desta ignorância, e seria cruel não socorrer sobretudo aos que pedem. Mas aquele outro, com certeza, conheceu pela familiaridade o nosso ardor; mas está tão longe, e agora moramos aqui, de modo que mal temos a possibilidade de enviar-lhe cartas. Creio que ele, já no descanso além dos Alpes, tenha terminado o poema pelo qual afugentaria o adquirido medo da morte e baniria a insensibilidade e o frio da alma endurecido por um antigo gelo. Mas enquanto aparecem estas coisas, que não estão em nosso poder, não é muito vergonhoso perder o fruto do nosso trabalho e que toda a própria alma esteja suspensa, amarrada por uma indecisão incerta?

*Em terceiro lugar,
pergunta-se se a alma,
como razão, está
na própria verdade
(15,27–20,36).*

Capítulo 15 – Retoma as coisas ditas sobre a ciência e a verdade...

27. A. – Onde está aquilo que pedimos e continuamos a pedir a Deus, que não nos mostre as riquezas, nem os prazeres do corpo, nem os arranjos do povo e as honras, mas a nossa alma e o caminho a nós que o procuramos? Por acaso, ele nos abandonou, ou foi abandonado por nós?

R. – Certamente, ele está muitíssimo longe de abandonar aqueles que desejam tais coisas; e, então, também de nós deve estar longe que abandonemos tão grande guia. Por isso, se te agrada, retomemos brevemente de onde foram obtidas aquelas duas conclusões: ou que a verdade permanece sempre, ou que a arte de discutir é a verdade. Pois disseste ter dúvidas de que elas nos tornassem plenamente seguros de toda a questão. Ou antes, vamos investigar como a ciência pode existir em uma alma inábil, que não podemos dizer que não seja uma alma? Pois, daí parecias agitado, como se fosse necessário duvidar das coisas que concederas.

A. – Discutamos, primeiramente, aquelas duas conclusões, depois veremos como é isso. Pois, assim, na minha opinião, não permanecerá nenhuma controvérsia.

R. – Assim seja. Mas mantém toda a atenção e cautela. Pois sei o que te acontece quando escutas, quando pendes demais para uma conclusão e, esperando que logo se conclua, concedes aquilo que é perguntado sem examiná-lo com cuidado.

A. – Talvez, dizes a verdade; mas esforçar-me-ei, quanto puder, contra esse tipo de doença: então, começa já a investigar, para não nos determos em coisas supérfluas.

...que convém que não morra;

28. R. – Por aquilo que me recordo, concluímos que a verdade não pode perecer e que, se não só o mundo todo perece, mas também a própria verdade, será verdade que tanto o mundo quanto a verdade terão perecido. Porém, nada é verdadeiro sem a verdade: por isso, de modo algum, a verdade perece.

A. – Admito essas coisas, e muito me admiraria se fossem falsas.

R. – Portanto, vejamos o segundo ponto.

A. – Peço-te que me deixes refletir um pouco, para não passar a vergonha de ter de voltar atrás.

R. – Portanto, não será verdadeiro que a verdade tenha perecido? Se não for verdadeiro, então ela não perece. Se for verdadeiro, como algo pode ser verdadeiro depois que a verdade pereceu, já que a verdade não existe mais?

A. – Nada mais tenho a refletir e considerar, passe para o outro ponto. Certamente, faremos todo o possível para que homens instruídos e prudentes leiam estas coisas e corrijam a nossa temeridade, se alguma houver, pois, pessoalmente, julgo que nem agora, nem um dia, se possa encontrar algo a ser dito contra isso.

o falso, como parece e como é imitado.

29. – R. – Então, por acaso, não se diz ser verdade, senão aquilo pelo qual é verdadeiro o que é verdadeiro?

A. – De modo algum.

R. – Por acaso, não se diz, corretamente, verdadeiro, senão aquilo que não é falso?

A. – De fato, é uma loucura duvidar disso.

R. – Acaso, não é falso aquilo que se assemelha a alguma coisa e, todavia, não é aquilo ao qual parece semelhante?

A. – De fato, não vejo outra coisa que, com mais prazer, eu chame de falso. Mas costuma-se chamar de falso aquilo que está longe da verossimilhança.

R. – Quem o nega? Mas, contanto que tenha alguma imitação com o verdadeiro.

A. – Como? Pois quando se diz que Medeia voou tendo reunido serpentes aladas, em parte alguma esta coisa imita o verdadeiro, porque o que nada é, não pode imitar uma coisa que absolutamente não existe.

R. – Falas corretamente. Mas não percebes que uma coisa que absolutamente não existe, certamente não pode ser chamada falsa. Pois, se é falso, existe; se não existe, não é falso.

A. – Portanto, não diremos aquilo de Medeia; não sei que o monstro é falso?

R. – Certamente, não. Pois se é falso, como é um monstro?

A. – Vejo algo admirável. Afinal, quando ouço: enormes serpentes aladas unidas por um jugo (Cícero, De inv. 1, 19, 27), não digo algo falso?

R. – Certamente. Pois existe aquilo que dizes ser falso.

A. – O que, por favor?

R. – A sentença que é enunciada pelo próprio verso.

A. – E afinal, que imitação ela tem com o verdadeiro?

R. – Porque seria enunciada do mesmo modo, embora verdadeiramente Medeia tivesse feito aquilo. Portanto, uma falsa sentença, pela própria enunciação, imita sentenças verdadeiras. E se não se crer nisso, apenas imita verdadeiras sentenças quando fala assim, e é somente falsa, mas não também enganadora. Mas se pede fé, imita também sentenças verdadeiras que são acreditadas.

A. – Agora compreendo que há muita diferença entre aquilo que dissemos e aquilo dos quais dissemos alguma coisa; por isso, estou de acordo, pois eu era retido somente porque aquilo que denominamos falso, realmente não o é se não tiver alguma imitação com o verdadeiro. Afinal, quem, com razão, não ri quando alguém diz que uma pedra é uma falsa prata? Todavia, se alguém disser que a pedra é prata, dizemos que ele afirma uma coisa falsa, isto é, profere uma sentença falsa. Mas, na minha opinião, não é absurdo que chamemos o estanho ou o chumbo de prata, porque de algum modo imita a própria realidade: e, nem por isso, a nossa sentença é falsa, mas aquilo mesmo do qual é enunciada.

Capítulo 16 – Caiu em algum modo de vestir

30. R. – Compreendes bem. Mas vê se podemos convenientemente chamar a prata com o falso nome de chumbo.

A. – Não me agrada.

R. – Como assim?

A. – Não sei; só vejo que isso é dito muito contra a minha vontade.

R. – Não será, talvez, porque a prata é melhor e seja quase um ultraje que se faz a ela? Quanto ao chumbo, é uma espécie de honra se for chamado de falsa prata.

A. – Realmente, explicaste o que eu queria. E, por isso, creio que, com razão, devem ser considerados infames e detestáveis aqueles que se apresentam vestidos de mulher, pois não sei se melhor os chamo de falsas mulheres ou de falsos homens. Todavia, sem dúvida, podemos chamá-los de verdadeiros farsantes e verdadeiros infames, ou, se estão ocultos, pois não pode ser chamada infame alguma coisa que não seja vergonhosa, sou de opinião que com razão os chamemos de verdadeiros tratantes.

R. – Teremos outro lugar para falar dessas coisas. Com efeito, praticam-se muitas coisas que, aos olhos do povo, são como que torpes, mas se mostram honestas para algum fim louvável. E existe uma grande questão, se, para libertar a pátria, alguém deva vestir-se de mulher para enganar o inimigo, pelo próprio fato de ser falsa mulher, talvez venha a ser um homem mais verdadeiro. E, se um sábio, que de algum modo tenha certeza de que sua vida seja necessária para as coisas humanas, prefere morrer de frio envolto em vestes femininas, se não houver outra. Mas, sobre isso, como foi dito, trataremos em outro lugar. De fato, certamente, percebes quantas investigações são necessárias para que estas coisas devam progredir e não se caia em algumas torpezas indesculpáveis. Mas, agora, o que é suficiente para a presente questão, julgo que já aparece, e não se pode duvidar, que algo não é falso senão por alguma imitação do verdadeiro.

Capítulo 17 – A verdade não é um corpo, nem um vazio...

31. A. – Passa para outras coisas; pois disso estou bem convencido.

R. – Portanto, pergunto se, além das ciências pelas quais somos instruídos e entre as quais é conveniente incluir também o gosto pelo estudo da sabedoria, podemos encontrar algo tão verdadeiro que, como o Aquiles do teatro, não seja falso por um lado e por outro possa ser verdadeiro?

A. – Parece-me que muitas coisas se encontram nesse caso. Com efeito, as ciências não consideram isso uma pedra e, todavia, para que seja verdadeira pedra, imita algo pelo qual se diga que é falsa. Lembrando unicamente este, já percebes que aos que refletem ocorrem espontaneamente inumeráveis outros exemplos.

R. – Certamente percebo. Mas não te parecem ser incluídos no único nome de corpo?

A. – Pareceria, se eu tivesse certeza de que o vazio não é nada, ou julgasse que a alma deve ser incluída entre os corpos, ou cresce que também Deus é algum corpo. Se todas essas coisas são assim, vejo que são falsas e verdadeiras por imitação de nada.

R. – Tu nos pões num longo caminho, mas eu, quanto possível, usarei o atalho. Com efeito, certamente, uma coisa é aquilo que chamas de vazio, outra o que chamas de verdade.

A. – Algo alongado. Realmente, o que é mais vazio do que eu, se julgo que a verdade é algo vazio, ou desejo tanto algo vazio? Afinal, que outra coisa desejo encontrar senão a verdade?

R. – Portanto, talvez, também, concedes que nada é verdadeiro que não seja feito verdadeiro pela verdade.

A. – Já há tempo isso é claro.

R. – Acaso duvidas que nada é vazio além do próprio vazio, ou que seja corpo?

A. – Certamente, não duvido.

R. – Portanto, na minha opinião, crês que a verdade é algum corpo.

A. – De modo algum.

R. – Alguma coisa no corpo?

A. – Não sei; sobre isso, nada me ocorre: de fato, penso aquilo que sabes, se existe o vazio, mais existe aquilo onde não há nenhum corpo.

R. – Isso é totalmente certo.

A. – Então, por que nos detemos?

R. – Acaso te parece que a verdade tenha causado o vazio, ou que exista algo verdadeiro onde a verdade não exista?

A. – Não me parece.

R. – Portanto, não existe vazio verdadeiro, porque não pode ser feito vazio por aquilo que não seja vazio; e aquilo que carece de verdade, evidentemente, não é verdadeiro; e, absolutamente, aquilo que se diz vazio, diz-se isso pelo fato de não ser nada. Por isso, como pode ser verdadeiro o que não existe? Ou como pode existir aquilo que é totalmente nada?

A. – Pois então, deixemos o vazio como vazio.

Capítulo 18 – ...porque todas as coisas são verdadeiras

32. – R. – O que afirmas dos demais assuntos?

A. – O quê?

R. – O que julgas que vou apoiar especialmente. De fato, restam a alma e Deus, e se, pelo fato de neles existir a verdade, estes dois são verdadeiros, ninguém duvida da imortalidade de Deus. Mas crê-se que a alma é imortal se for provado que a verdade, que não pode morrer, está nela também. Por isso, vejamos já o último ponto: se o corpo não é verdadeiramente verdadeiro, isto é, nele não está a verdade, mas como que certa imagem da verdade. Pois se também no corpo, que é suficientemente certo estar sujeito à morte, encontrarmos tal verdade como é nas ciências, a ciência de discutir não será necessariamente a verdade, pela qual todas as ciências são verdadeiras. Pois também o corpo, que não parece ser formado para a ciência de discutir, é verdadeiro. Porém, se também o corpo é verdadeiro por alguma imitação e, por isso, não para a verdade límpida, talvez não existirá nada que impeça que se ensine a ciência de discutir como sendo a própria verdade.

A. – Entretanto, investiguemos sobre o corpo, pois não vejo terminada esta controvérsia nem mesmo se isso for constatado.

R. – Como sabes o que Deus quer? Por isso, presta atenção: pois eu penso que o corpo é contido por alguma forma e espécie, que se não a tivesse, não seria corpo; se a tivesse de verdade, seria alma. Ou deve-se pensar de outra forma?

A. – Concordo em parte, quanto ao mais, tenho dúvidas; pois se não estiver contido por alguma figura, concedo que não seria corpo. Porém, não entendo suficientemente como, se a tivesse de verdade, seria alma.

R. – Então, nada te recordas do início do Livro Primeiro, e daquelas tuas figuras geométricas?

A. – Lembraste bem; recordo-me perfeitamente e de muito boa vontade.

R. – As figuras encontram-se nos corpos tais quais aquela ciência demonstra?

A. – É até incrível quanto se demonstram ser inferiores.

R. – Portanto, quais delas julgas serem verdadeiras?

A. – Por favor, não penses que deves perguntar-me também isso. Afinal, quem é tão cego de mente para não ver que as figuras ensinadas na geometria estão na própria verdade, ou também a verdade nelas? E que aquelas figuras do corpo, embora pareçam como que tender para estas, têm não sei que tipo de imitação da verdade e, por isso, são falsas? Agora, compreendo tudo aquilo que te esforçaste por me mostrar.

Capítulo 19 – Pela verdade, a alma como razão existe verdadeiramente

33. R. – Portanto, que necessidade ainda existe de investigarmos sobre a ciência de

discutir? Pois, quer as figuras geométricas estejam na verdade, quer a verdade esteja nelas, ninguém duvida que estão contidas na nossa alma, isto é, na nossa inteligência e, por isso, também se conclui que a verdade está em nossa alma. E se qualquer ciência está tão na alma como algo inseparável no sujeito, e a verdade não pode perecer, então, pergunto, por que duvidamos da vida perpétua da alma por não sei que familiaridade com a morte? Será que, para serem verdadeiros, aquela linha, quadrado ou esfera possuem outras coisas que imitam?

A. – De maneira alguma posso crer nisso, a não ser, talvez, que a linha seja um comprimento sem largura e o círculo seja uma linha fechada girando equidistante do centro.

R. – Por que, então, hesitamos? Será que onde existem tais coisas, a verdade não está?

A. – Que Deus afaste essa loucura.

R. – Será que a ciência não está na alma?

A. – Quem afirmaria isso?

R. – Mas, talvez, possa ser que, morrendo o sujeito, permaneça aquilo que está no sujeito?

A. – Quando serei convencido disso?

R. – Resta que a verdade pereça.

A. – Como pode acontecer?

R. – Por isso, a alma é imortal: crê, então, nos teus raciocínios, crê na verdade; ela clama também que habita em ti e que é imortal e que sua sede não lhe pode ser tirada por qualquer morte do corpo. Afasta-te da tua sombra, e volta para ti mesmo; tua morte não é nada, a não ser que te esqueças que não podes perecer.

A. – Estou ouvindo, recobrando os sentidos, começo a retornar a mim. Mas, por favor, explica-me as coisas que restam, como se compreende que a ciência e a verdade estejam numa alma ignorante, pois não podemos dizer que ela seja mortal.

R. – Essa questão deseja outro volume, se quiseres discuti-la com diligência. Vejo que deves recapitular ao mesmo tempo, também, aquelas coisas que, como pudemos, foram investigadas; porque se não houver dúvida sobre aquilo que foi concedido, creio que avançamos muito e podemos tratar das outras coisas com não pequena segurança.

Capítulo 20 – O que existe entre o intelecto e a imaginação

34. A. – É assim como dizes e, de boa vontade, obedeço às tuas ordens. Porém, antes de estabelecer o término do volume, peço que brevemente exponhas ao menos qual a diferença entre a verdadeira figura, que se concebe pela inteligência, e aquela que a reflexão simula para si, que, em grego, se diz fantasia ou fantasma.

R. – Pedes uma coisa que não pode ver senão quem é limpidíssimo e para cuja visão estás pouco exercitado; e agora, por estes rodeios, não fizemos outra coisa senão te exercitar para seres idôneo a vê-la; todavia, embora haja mais diferença do que pode ser ensinado, talvez, explicarei brevemente. De fato, supõe que esqueceste alguma coisa e outros como que queiram que te recordes. Por isso, mencionando diversas coisas como se fossem semelhantes, eles dizem: É isso ou aquilo? Tu, porém, não vês o que desejas recordar; e, todavia, vês que não é o que se diz. Acaso, quando isso te acontecer, parece um esquecimento total? Pois o próprio discernimento, pelo qual não admites ser falsamente aconselhado, é alguma parte da recordação.

A. – Assim parece.

R. – Portanto, estes ainda não veem o que é verdadeiro; todavia, não podem ser enganados ou induzidos ao erro; e sabem suficientemente o que buscam. Mas se alguém te disser que riste poucos dias depois de nascer, não ousas dizer que isso é falso? E se o autor da afirmação for alguém digno de fé, não hás de recordar, mas hás de acreditar, pois todo aquele tempo para ti está sepultado num profundíssimo esquecimento. Ou pensas de outra forma?

A. – Evidentemente, concordo.

R. – Por isso, este esquecimento difere muito daquele outro, mas aquele está no meio. Pois existe um esquecimento mais próprio e mais próximo à recordação e à verdade que se deve rever; isso ocorre quando vemos alguma coisa e, com certeza, reconhecemos que já a vimos uma vez e afirmamos que a conhecemos; mas, esforçamo-nos por lembrar e recordar onde, quando, como ou com quem chegou ao nosso conhecimento. E se isso aconteceu com uma pessoa, também procuramos saber de onde a conhecemos. E se ela recordar isso, de repente, tudo se infunde na memória como uma luz e não se trabalha mais para recordarmos. Será que esse tipo de coisa te é desconhecido, ou obscuro?

A. – O que é mais claro do que isso? Ou o que costuma me acontecer com mais frequência?

Abandonam-se os desejos dos estoicos sobre a razão e a reflexão.

35. R. – Assim são os bem instruídos nas ciências liberais; certamente, aprendendo, eles as desenterram e, de certo modo, as escavam, pois, sem dúvida, estavam enterradas neles pelo esquecimento. Contudo, não estão contentes nem desistem enquanto não percebem ampla e plenamente toda a face da verdade, cujo esplendor já brilha um pouco naquelas artes. Mas algumas dessas falsas cores e formas como que se fundem no espelho do pensamento e, muitas vezes, enganam os que investigam e induzem ao erro aqueles que julgam que aquilo é tudo o que sabem ou procuram. Estas são as imaginações que devem ser evitadas com grande precaução; que são percebidas como enganadoras, já que variam como se variasse o espelho do pensamento, enquanto a face da verdade permanece uma e imutável. Então, o pensamento imagina para si e como que coloca diante dos olhos quadrados de tamanhos diferentes; mas a mente interior, que quer ver a verdade, se possível, deve voltar-se antes para algo segundo o qual julga que todas aquelas coisas são quadradas.

A. – Mas, se alguém nos disser que ela julga conforme aquilo que os olhos costumam ver?

R. – Todavia, se está bem instruída, por que há de julgar que toca num ponto com o plano verdadeiro, embora seja uma esfera verdadeira? Acaso o olho nunca viu ou pode ver tal coisa, quando não se pode representar algo semelhante pela própria imaginação do pensamento? Ou não experimentamos isso quando imaginando pelo espírito traçamos um mínimo círculo e a partir dele traçamos linhas para o centro? Pois se traçarmos duas linhas, entre as quais como que mal possa ser tocada uma agulha, já não podemos, nem mesmo pela própria imaginação, traçar outras linhas no meio, para que cheguem ao centro sem nenhuma confusão; e ainda que a razão afirme que podem ser traçadas inúmeras linhas e não possam tocar-se naquelas incríveis estreitezas a não ser no centro, de modo que em cada intervalo também possa ser traçado um círculo. Já que aquela fantasia não possa realizar isso e falhe mais do que os próprios olhos pelos quais penetrou na alma, é claro que ela difere muito da verdade e que não é vista, enquanto vê-se isso.

Se a razão permanece sempre na alma.

36. Estas coisas serão tratadas com mais cuidado e mais sutileza quando começarmos a tratar da inteligência, que é uma parte que nos propusemos, quando, dentro do possível, tiver sido examinado e discutido aquilo que perturba a respeito da vida da alma. Pois não creio que a morte humana te cause pouco medo, ainda que não mate a alma, e produza o esquecimento da verdade de todas as coisas, se algo tiver sido descoberto.

A. – Não se pode dizer suficientemente quanto este mal deve ser temido. Pois como aquela seria uma vida eterna, ou a morte não deveria ser anteposta a ela, se a alma vive de modo como vemos que vive numa criança recém-nascida? Isso para nada dizer da vida que ocorre no útero, pois penso que não é um nada.

R. – Tem coragem; Deus estará presente, como já sentimos quando nós o procurávamos, pois, depois deste corpo, ele promete, sem mentira alguma, um outro felicíssimo e pleníssimo da verdade.

A. – Seja como esperamos.

Da imortalidade
da alma

LIVRO ÚNICO

*Contra alguns
peripatéticos, expõe que,
pelo fato de ser razão,
o espírito não morre
(1,1–6,11).*

1. Contra Estratão: Não morre o espírito no qual existe disciplina

1. Se em algum lugar existe disciplina e não pode ser senão no ser que vive, e sempre existe, e aquilo no qual algo sempre existe não pode não existir sempre; sempre vive naquilo que existe disciplina. Se somos nós que raciocinamos, isto é, o nosso espírito não pode raciocinar corretamente sem a disciplina, e o espírito não pode existir sem disciplina, a não ser naquele que a disciplina não existe; a disciplina existe no espírito do homem. Mas, em algum lugar, existe a disciplina: pois existe, e o que existe nunca pode deixar de existir. Igualmente, a disciplina não pode existir, senão naquele que vive. Com efeito, aquilo que não vive, não aprende nada, e a disciplina não pode existir naquele que nada aprende. Igualmente, a disciplina existe para sempre. Pois o que existe, também é imutável, é necessário que exista sempre. Porém, que a disciplina existe, ninguém nega. E quem reconhecer que não pode acontecer que a linha traçada pelo meio do círculo não seja a mais longa de todas as outras que não passam pelo centro e que isso pertence a alguma disciplina, não nega que a disciplina é imutável. Igualmente, aquilo no qual algo sempre existe, não pode não existir sempre. Com efeito, nada que existe sempre pode alguma vez ser separado daquilo no qual existe para sempre. De fato, quando raciocinamos, é nosso espírito que age. E não age senão quem compreende:

e o corpo não compreende, nem o espírito com a ajuda do corpo compreende, porque quando quer compreender, separa-se do corpo. Com efeito, o que é compreendido, é sempre do mesmo modo; e nada do corpo é sempre o mesmo: por isso, não pode ajudar o espírito que se esforça por compreender, e já é bastante se não impedir. Igualmente, ninguém raciocina corretamente sem a disciplina. Com efeito, o raciocínio correto é o conhecimento que vai das coisas certas pela indagação das incertas: e nada de certo existe no espírito que ignora. Mas tudo que o espírito sabe, ele o tem em si; e nenhuma coisa é apanhada pela ciência, a não ser aquela que pertence a alguma disciplina. Com efeito, a disciplina é a ciência de determinadas coisas. Por isso, o espírito humano vive para sempre.

2. Contra Aristóxenes: que o espírito, enquanto é razão, não é a harmonia do corpo

2. Na verdade, a razão ou é o espírito, ou está no espírito. Ora, a nossa razão é melhor do que o nosso corpo: e o nosso corpo é uma substância, e é melhor ser uma substância do que não ser nada; por isso, a razão não é um nada. E mais, qualquer que seja a harmonia do corpo, é preciso que esteja inseparavelmente no corpo como sujeito, e não se deve crer que em tal harmonia existe algo que não

esteja necessariamente no corpo como sujeito, no qual também a própria harmonia não esteja menos inseparavelmente. Mas o corpo humano é mutável, e a razão é imutável. Ora, mutável é tudo aquilo que não é sempre do mesmo modo. Sempre do mesmo modo é que dois e quatro são seis; igualmente sempre do mesmo modo é que quatro são dois e dois; isso, porém, não contém o dois; por isso, dois não são quatro. Esta razão, porém, é imutável: por isso, a razão existe. Contudo, mudado o sujeito, de modo algum pode não mudar aquilo que nele existe inseparavelmente. Assim, o espírito não é harmonia do corpo. Nem a morte pode acontecer às coisas imutáveis. Portanto, o espírito vive sempre, quer seja a própria razão, quer a razão esteja inseparavelmente nele.

3. Contra Alexandre: a) a alma é alguma força e substância...

3. Existe uma certa força de tranquilidade, e toda a tranquilidade é imutável, e toda a força pode realizar algo, e quando não faz algo, não deixa de ser força. Ora, toda a ação é movida, ou move. Por isso, não tudo que é movido e, certamente, nem tudo que move é mutável. E tudo que é movido por outro, e não move a si mesmo, é mortal. E não é mortal o ser imutável. Portanto, já com certeza e sem contradição alguma, conclui-se que não todo o ser que move é mutável. Mas não existe movimento algum sem substância: e toda a substância ou vive, ou não

vive; e tudo que não vive, é sem alma e não existe ação alguma sem alma. Por isso, aquilo que move de tal maneira que não seja mudado, não pode ser senão uma substância viva. E é ela que move todo o corpo por quaisquer graus. Por isso, não todo o ser que move o corpo, é mutável. O corpo, porém, não é movido senão segundo o tempo; com efeito, trata-se de ser movido mais lenta ou rapidamente; conclui-se que existe algo que se move com o tempo e, todavia, não se muda. E todo o corpo que move com tempo, embora tenda para um único fim, todavia, não pode fazer todas as coisas ao mesmo tempo e não pode não fazer muitas coisas. O corpo, porém, seja qual for a força pela qual age, não pode ser perfeitamente uno, porque pode ser dividido em partes, e não existe corpo algum sem partes; e não existe tempo sem intervalo de espera, ou então que se pronuncie uma brevíssima sílaba cujo fim só ouças quando já não ouves o início. Ora, para que assim aconteça, tanto se necessita de espera para que se conclua, quanto de memória para conseguir compreender quanto é possível. E a espera refere-se às coisas futuras, a memória, porém, às passadas. Mas a intenção de agir pertence ao tempo presente, pelo qual o futuro passa para o passado e não se pode esperar o fim de um iniciado movimento do corpo sem alguma memória. Mas como se espera que acabe aquilo que ou se impediu que começasse ou é absolutamente movimento? Novamente, a intenção de concluir que é presente, não pode acontecer sem a espera do fim que é futuro; nem é real algo que ou ainda não existe, ou não existe mais. Por isso, na ação, podem existir algumas coisas que pertencem às coisas que ainda não existem. No agente, podem existir, simultaneamente, muitas coisas, embora, muitas coisas que agem, não possam existir ao mesmo tempo. Portanto, também podem existir no movente, embora não possam existir em quem é movido. Mas todas as coisas que não podem existir simultaneamente no tempo e, todavia, são transmitidas do futuro para o passado, é necessário que sejam mutáveis.

...por isso, não é mudada nem morre;

4. Daqui, já deduzimos que pode existir algo que, quando move as coisas que mudam, não é mudado. Mas já que não se muda, a intenção de quem move de levar para o fim desejado o corpo que é movido, e aquele corpo do qual algo faz que pelo mesmo movimento se mude por momentos, é manifesto que aquela intenção de realizar permanece imutável, e mova os próprios membros do artífice, e a madeira ou a pedra que estão sujeitos ao artífice, quem duvida que é consequente aquilo que foi dito? Por isso, se, produzida pelo espírito, acontece alguma mudança dos corpos, embora seja inclinado a ela, daí não se deve pensar que necessariamente se muda e, por isso, também morra. Com efeito, nessa intenção pode existir tanto a memória das coisas passadas quanto a espera das futuras. E isso não pode acontecer sem a vida. Contudo, embora não ocorra nenhuma morte sem mudança e nenhuma mudança, sem movimento, todavia, nem toda a mudança causa a morte, nem todo o movimento, a mudança. Porém, embora se diga que nosso próprio corpo, geralmente, tanto é movido por alguma ação, como, certamente, é mudado pela idade, todavia ainda não teria morrido, isto é, não estaria sem vida. Por isso, mesmo que seja possível pensar que o espírito não é, continuamente, privado da vida, contudo, talvez nenhuma mudança lhe aconteça pelo movimento.

4. b) porque no espírito existe a arte e a razão...

5. Com efeito, se no espírito permanece algo imutável, que não possa existir sem a vida, é necessário que no espírito permaneça, também, a vida sempiterna. Pois, na verdade, isso é assim que se vale a premissa, valha também a conclusão. Ora, a premissa é válida. Afinal, para me abster de outras coisas, quem ousaria afirmar que, ou a razão dos números é mutável, ou qualquer arte não está segura por esta razão; ou que a arte não está no artífice, também quando não a exerce; ou que é sua, a não ser no espírito; ou que onde não existir vida, possa existir; ou que aquilo que é imutável, às vezes, não pode existir; ou que uma coisa é a arte, outra, a razão? Pois, embora a arte seja definida quase um dos muitos sistemas de razões, todavia, com muita verdade a arte também pode ser definida e compreendida como uma razão. Mas, seja uma, seja outra coisa, conclui-se que a arte não é menos imutável: mas é claro que a arte não só existe no espírito do artífice, mas também que nunca existe a não ser no espírito, e isso inseparavelmente. Pois se a arte fosse separada do espírito, ou existirá fora do espírito, ou nunca existirá, ou passará continuamente de espírito em espírito. Mas como para a arte não existe nenhum lugar sem a vida, assim nem a vida com a razão não existe senão no espírito. Na verdade, o que existe, não pode nunca existir, ou aquilo que é imutável, às vezes, não existir. Ora, se a arte passa de espírito em espírito, há de permanecer naquele, abandonando a este. E ninguém ensina a arte a não ser perdendo, ou também

não se faz de alguém um sábio, a não ser pelo esquecimento do professor, ou por sua morte. Mas se essas conclusões forem muito absurdas e falsas, como realmente são, o espírito humano é imortal.

...mesmo que sejamos ignorantes ou esquecidos;

6. Mas se a arte ora existe e ora não existe no espírito, o que é muito conhecido, devido ao esquecimento e à ignorância, nada acrescenta para sua imortalidade a ligação deste argumento, a não ser que se negue a premissa deste modo. Ou existe algo no espírito que no presente pensamento não existe, ou no espírito erudito não existe a arte musical quando ele pensa somente na geometria: esta hipótese, porém, é falsa, por isso aquela é verdadeira. Ora, o espírito não sente que possui algo, a não ser o que vier ao pensamento. Por isso, no espírito pode existir algo que o próprio espírito não sinta existir em si. Por quanto tempo seja isso, não interessa. Pois se um espírito estiver ocupado por longo tempo em outras coisas, de modo que já não possa facilmente voltar sua intenção para as coisas antes pensadas, isso se chama esquecimento ou ignorância. Mas quando encontramos algumas coisas sobre as artes liberais, quer pensando nós conosco mesmos, quer bem interrogados por outro, não o encontramos em outro lugar senão no nosso espírito; e encontrar não é o mesmo que fazer ou gerar: caso contrário, o espírito geraria coisas eternas com uma descoberta temporal (mas, muitas vezes encontra coisas eternas; porém, o que é mais eterno do que a razão do círculo ou outras coisas nestas mesmas artes e não se compreende que uma vez não tenham existido e não existam no futuro?): também é evidente que o espírito humano é imortal, e que todas as verdadeiras razões estão no seu interior, embora pareça que, ou por ignorância ou por esquecimento, não as tenha ou as tenha perdido.

5. c) porque qualquer mudança do espírito...

7. Vejamos agora como se deva entender a mudança do espírito. Ora, se o espírito é sujeito pela arte que existe no sujeito, o sujeito não pode mudar se aquilo que existe no sujeito também não for mudado; e podemos manter que a arte e a razão são mutáveis se for demonstrado que o espírito que está nelas é mutável? Mas, que mudança costuma ser maior do que aquela dos contrários? E quem nega que o espírito, para omitir outras coisas, ora é ignorante, ora é sábio? Portanto, primeiramente examinemos de quantos modos se compreende aquilo que se chama mudança da alma; estes, na minha opinião, somente os mais conhecidos e mais evidentes para nós são dois no gênero, mas encontram-se muitos na espécie. Com efeito, diz-se que a alma muda ou segundo as paixões do corpo, ou segundo as suas. Segundo as do corpo, pela idade, pelas doenças, pelas dores, pelos trabalhos, pelas derrotas, pelos prazeres. Segundo as suas, porém, pelo desejo, pela alegria, pelo temor, pelo sofrimento, pelo esforço, pelo aprendizado.

...não proíbe ao espírito que nele exista a razão,

8. Todas essas mudanças, se não são necessariamente um argumento para a mortalidade da alma, tomadas separadamente não devem ser temidas por si mesmas; mas se não se opõem à

nossa razão, como foi dito, mudado o sujeito, deve-se considerar que é necessário mudar tudo o que está no sujeito. Mas não se opõem. Pois aquilo se diz segundo esta mudança do sujeito, pela qual absolutamente é obrigado a mudar o nome. Porque, se em qualquer lugar, a cera passar da cor branca para a preta, não é menos cera; e se, da forma quadrada assumir a redonda e de mole, endurecer e de quente, esfriar: estas coisas, porém, são no sujeito, e a cera é o sujeito. A cera, porém, permanece nem mais nem menos cera quando aquelas coisas são mudadas. Por isso, pode ocorrer alguma mudança das coisas que não estão no sujeito, porém, o sujeito, naquilo que é e no nome, não muda. Mas se das coisas que estão no sujeito acontecer tamanha mudança que aquilo que se dizia estar presente no sujeito já não se poderia absolutamente dizer, como quando pelo calor do fogo a cera se dispersa no ar e sofre tal mudança que, com razão, se compreende que o sujeito foi mudado, e aquilo que era cera já não é cera: de modo algum e por qualquer razão pode-se pensar que permaneça algo das coisas que existiam naquele sujeito porque era aquele sujeito.

e por essa razão não morre.

9. Por isso, se alma é sujeito, como já dissemos, no qual a razão existe inseparavelmente, por aquela necessidade pela qual se demonstra que as coisas existem no sujeito, e a alma não pode existir senão como alma viva, e nela a razão não pode existir sem vida, tanto é imortal a razão, quanto imortal é a alma. Na verdade, portanto, de modo algum a razão permanece imutável se não existir seu sujeito. O que aconteceria se houvesse tamanha mudança da alma que fizesse dela uma não

alma, isto é, a obrigasse a morrer. Porém, nenhuma daquelas mudanças, que acontecem ou pelo corpo ou pela própria alma (embora, se algumas acontecem por ela, isto é, das quais ela é a causa, é um problema não pequeno), isso faz que a alma não seja alma. Por isso, não devem ser temidas não só por si, mas também por nossas razões.

6. que a razão está no espírito, ou o espírito está na razão...

10. Portanto, penso que é necessário entregar-se com todas as forças do raciocínio, a fim de que se saiba o que é a razão e quantas vezes possa ser definida, para que, segundo todos os modos de definir, também conste sobre a imortalidade da alma. A razão é o olhar do espírito, pelo qual, por si mesmo e não pelo corpo, intui-se o que é verdadeiro, o que é a própria contemplação do verdadeiro, não pelo corpo, o que é o próprio verdadeiro que é contemplado. Ninguém duvida que o primeiro está no espírito; sobre o segundo e o terceiro, pode-se indagar; mas também o segundo não pode existir sem o espírito. Quanto ao terceiro, existe um grande problema: se aquele verdadeiro que o espírito intui sem o instrumento do corpo, é por si mesmo e não existe no espírito, ou possa existir sem o espírito. Como quer que seja, o espírito não poderia contemplá-lo por si mesmo, a não ser por alguma ligação

com ele. Pois tudo o que contemplamos, ou o compreendemos pelo pensamento, ou o compreendemos pelos sentidos ou pelo intelecto. Mas as coisas que se compreendem pelos sentidos também se sentem existir fora de nós, e são contidos pelos lugares, de onde se afirma que não podem ser percebidos. Porém, as coisas que se compreendem, não se compreendem como se estivessem em outro lugar do que o próprio espírito que compreende: ao mesmo tempo, também se pensa que não são contidos pelo lugar.

...o espírito é a própria razão.

11. Portanto, esta união do espírito que intui e seu verdadeiro que é intuído, ou é assim que o espírito é sujeito e o verdadeiro está no sujeito; ou, ao contrário, o verdadeiro é o sujeito, e o espírito está no sujeito; ou ambos são substância. Destas três possibilidades, se a primeira for válida, tanto é imortal o espírito quanto a razão, porque, conforme a discussão anterior, a razão não pode existir senão no ser vivo. A mesma necessidade acontece, também, na segunda. Pois se aquele verdadeiro, que se chama razão, assim como aparece, nada tem de mutável, não pode ser mudado aquilo que está nele como sujeito. Portanto, todo o problema está na terceira possibilidade. Pois se o espírito é substância, e a substância se une à razão, não se pensaria de modo absurdo se pudesse acontecer que, permanecendo a razão, o espírito deixasse de existir. É evidente, porém, que enquanto o espírito não se separa da razão e a ela adere, é necessário que ele permaneça e viva. Mas, afinal, qual a força que pode separá-lo? Acaso será material, que é mais fraca no poder, inferior na origem e

de ordem bastante diferente? De modo algum. Então, espiritual? Mas também de que maneira? Acaso outro espírito mais forte, qualquer um que seja, não pode contemplar a razão se não se separar do outro? Acaso a razão há de faltar a qualquer um que contemple, se todos contemplam: e já que nada é mais forte do que a própria razão, pois nada é mais imutável do que ela, de maneira alguma o espírito ainda não estará unido à razão, porque está unido ao mais forte. Resta que, ou a própria razão se separe dele por si mesma, ou o próprio espírito voluntariamente se separe da razão. Mas, nada de inveja existe naquela natureza que lhe impeça de oferecer-se ao espírito. Depois, quanto mais é, tanto mais faz que seja aquilo que a ela se une, e isso é contrário à morte. Alguém diria, de maneira não demasiado absurda, que o espírito se separa da razão pela vontade, se nenhuma separação mútua pudesse existir das coisas que o lugar não contém. Na verdade, isso pode ser dito contra todas as objeções precedentes, às quais opusemos outras tantas contradições. E então? Acaso já se deve concluir que o espírito é imortal? Ou que, embora não possa ser separado, possa ser extinto? Mas se aquela força da razão afeta o espírito com sua própria conjunção, e não pode não afetar, realmente o afeta assim para oferecer-lhe o existir. Pois a própria razão existe, sobretudo, onde é entendida como a máxima imutabilidade. Assim, as coisas que afeta fora de si, de alguma forma obriga a existir. Portanto, o espírito não pode ser extinto senão separado da razão; mas não pode ser separado, como refletimos acima: por isso, não pode morrer.

Contra os estoicos e os
epicureus que pensam
que a alma e o corpo
existem ou que o
corpo pode ser feito
(7,12–16,25)

7. Contra aqueles que pensariam: a) que o espírito perde pela ignorância, como o corpo não perde pela divisão;

12. Com efeito, a própria separação da razão, pela qual a ignorância chega ao espírito, não pode acontecer sem sua deterioração. Ora, se voltado para a razão e aderindo a ela, tem mais ser, por isso, aquilo que adere à coisa imutável, que é a verdade, e que é o máximo e primitivo ser, quando é separado dela tem menos ser, o que significa deteriorar-se. Mas toda a deterioração tende para o nada, e convém que nada seja mais propriamente entendido como morte senão quando aquilo que era alguma coisa se torna um nada. Porque tender para o nada é tender para a morte. E mal se pode dizer que não caia no espírito aquele que cai na deterioração. Aqui, se concedem as outras coisas; mas nega-se que seja consequente que morre aquilo que tende para o nada, isto é, que chega ao nada. Isso pode ser percebido, também, no corpo. Pois, pelo fato de qualquer corpo ser parte do mundo sensível e, por isso, quanto

maior for, mais espaço ocupa, tanto mais se aproxima do universo; e quanto mais faz isso, tanto mais é. Ora, o todo é mais do que a parte. Por isso, quando é diminuído, é necessário que seja menos. Portanto, sofre uma deterioração quando é diminuído. Mas, na verdade, é diminuído quando dele se tira algo por corte. Daí, conclui-se que por tal divisão tenda para o nada. Mas nenhuma divisão tende para o nada. Com efeito, toda a parte que permanece é corpo, e aquilo é tanto quanto é o lugar que ocupa no espaço. E não poderia isso se não tivesse partes que pudessem ser divididas repetidas vezes. Por isso, dividindo infinitamente, pode diminuir infinitamente e, assim, sofrer decréscimo e tender ao nada, embora nunca consiga alcançá-lo. A mesma coisa pode ser dita e compreendida do próprio espaço e de qualquer intervalo. Pois também se das partes que sobrarem tirarmos, por exemplo, a metade, daquilo que resta, sempre a metade, o intervalo é diminuído e progride para o fim, ao qual, todavia, de modo algum chega. Muito menos isso deve ser temido para o espírito. Ora, na verdade, tem mais ser e vida do que o corpo aquilo que lhe dá vida.

8. b) que o espírito existe na natureza das coisas...

13. Além disso, se aquilo que existe não está na massa do corpo, mas está na forma que faz com que o corpo exista, isso é provado por um argumento irrefutável da razão; com efeito, o corpo é tanto mais quanto mais perfeito e mais belo for; e

tanto menos é quanto mais imperfeito e disforme; esta deterioração não vem pela divisão da massa, da qual já se falou suficientemente, mas acontece pela privação da forma. Sobre isso deve-se investigar e discutir diligentemente, para que alguém não afirme que por tal deterioração o espírito morre; para que, por estar privado de alguma forma enquanto é ignorante, não se creia que tal privação possa crescer tanto que despoje o espírito de toda a forma e, por aquela deterioração, o reduza ao nada e o obrigue a morrer. Por isso, se pudermos alcançar que se demonstra que, na verdade, ao corpo não pode acontecer que também seja privado daquela forma pela qual é corpo, com direito, talvez, obteremos que muito menos se possa tirar ao espírito aquilo pelo qual é espírito. De fato, ninguém olhou bem para seu interior se não confessar que o espírito, qualquer um que seja, deve ser preposto a qualquer corpo.

...porque o corpo, que pela forma não morre, foi feito,

14. Por isso, o início do nosso raciocínio seja que nenhuma coisa se faz ou se gera por si mesma; caso contrário, existiria antes de existir: esta afirmação é falsa, aquela é verdadeira. Igualmente, aquilo que não foi feito nem gerado e, todavia, existe, é necessário que seja sempiterno. E, na verdade, erra gravemente quem dá tal natureza e excelência a algum corpo. Mas, então, por que lutamos? Pois, com muito mais motivo somos obrigados a dá-la ao espírito. Assim, se algum corpo é sempiterno, nenhum espírito não é sempiterno. Porque qualquer espírito deve ter mais valor do que qualquer corpo, e todas as coisas sempiternas têm mais valor do que aquelas que não são sempiternas. Mas se um corpo foi feito, foi feito por outro agente que o fez e que não lhe é inferior. E isso é verdade. Mas o agente

não seria capaz de dar àquele que é feito aquilo que ele é o que é. Mas nem em igualdade: com efeito, é necessário que tenha um poder maior para fazer do que é aquilo que faz. De fato, daquele que gera não é absurdo dizer que ele é aquilo que é aquele que por ele é gerado. Por isso, o universo é um corpo que foi feito por outra força e natureza mais forte e melhor, mas, certamente, não corpórea. Pois se um corpo for feito por um corpo, o universo não teria podido ser feito. Realmente, é absolutamente verdadeiro aquilo que pusemos no início deste raciocínio, que nenhuma coisa pode se fazer por si mesma. Mas esta força e natureza incorpórea, causadora do mundo corporal, mantém o universo com poder presente. Porque não fez para se afastar e abandonar o que foi efeito. Certamente, aquela substância, que não é corpo, não se move localmente, por assim dizer, para conseguir separar-se daquela substância que ocupa o lugar. E aquela força que produz não pode estar desocupada e não conservar aquilo que foi feito por ela, e permitir que seja privado da forma, que existe nos limites em que existe. Com efeito, aquilo que não existe por si mesmo, se for abandonado por aquele pelo qual existe, certamente, não existirá e não podemos afirmar que, quando foi feito, o corpo tenha recebido algo para que já pudesse estar contente consigo mesmo, embora tenha sido abandonado pelo criador.

a alma, porém, existe para si;

15. Contudo, se é assim, é claro que o espírito tem mais ser do que o corpo. E, assim, se pode existir por si mesmo, imediatamente, prova-se que é imortal. Com efeito, o que assim existe, é necessário que seja incorruptível e, por isso, não pode morrer, porque nada abandona a si mesmo. Mas que a mutabilidade do corpo é evidente, indica-o suficientemente o universal movimento do universo corpóreo.

Por isso, para os que observam com atenção, quanto tal natureza pode ser observada, descobre-se que o ser imita o que é mutável, segundo uma ordenada mutabilidade. Porém, aquilo que existe por si mesmo, na verdade, não necessita de movimento algum, pois ele é igual a si mesmo em cada ato do próprio ser; porque todo o movimento existe para o outro, do qual necessita para que se mova. Portanto, a forma está presente ao universo corpóreo por meio de uma natureza melhor, suficiente e conservadora das coisas que fez: porque aquela mutabilidade não tira ao corpo que seja corpo, mas o faz passar de forma em forma com um movimento ordenadíssimo. De fato, não se deixa que alguma parte dele volte ao nada, pois aquela força causadora tudo enfrenta com um poder que não se cansa nem desiste, fazendo que exista tudo o que por ela existe, nas condições em que existe; portanto, ninguém deve estar tão distante da razão, a ponto de ou não ter certeza de que o espírito é melhor do que o corpo, ou, tendo concedido isso, julgue que ao corpo não acontece que não exista, e que ao espírito aconteça não existir. Ora, se não acontece, nem o espírito pode existir a não ser que viva, certamente, o espírito nunca morre.

9. c) que a alma, que é a própria vida, pode separar-se;

16. Mas se alguém disser que ao espírito não se deve temer a morte pela qual aconteça que não seja nada do que foi, mas aquilo pelo

qual dizemos que está morto aquele que não tem vida, preste atenção que nada falta por si mesmo. Ora, o espírito é uma espécie de vida: daí que vive todo aquele que é animado; que está morto todo o exânime que pode ser animado, isto é, entende-se que está privado da vida. Portanto, o espírito não pode morrer. Se pudesse estar privado da vida, não seria espírito, mas um ser animado. E se isso é absurdo, este gênero de morte deve ser muito menos temido pelo espírito do que, certamente, não deve ser temido pela vida. Pois, na verdade, se o espírito morre quando a vida se separa dele, então a própria vida é muito mais bem compreendida quando a própria vida que se separa dele, de modo que o espírito já não é algo que é separado da vida, mas é a própria vida que se separa. Com efeito, diz-se que está morto o ser separado da vida, compreende-se que o ser está separado da alma: mas esta vida que abandona as coisas que morrem, porque ela é espírito e não abandona a si mesmo, o espírito não morre.

10. d) que a vida é o princípio regulador do corpo;

17. A não ser, talvez, que devamos crer que a vida seja um princípio regulador do corpo, como opinaram alguns. Mas, realmente, eles nunca teriam pensado nisso, se tivessem conseguido ver com o mesmo espírito elevado e purificado, segundo o costume dos corpos, as coisas que verdadeiramente existem e permanecem imutáveis. Afinal,

examinando-se bem, quem não experimentou ter tido uma compreensão tanto mais sincera quando mais pôde separar e afastar a intenção da mente dos sentidos do corpo? Se a alma fosse o princípio regulador do corpo, isso simplesmente não poderia acontecer. De fato, um ser que não tivesse uma natureza própria nem fosse uma substância, mas estivesse inseparavelmente sujeito ao corpo, como a cor e a forma, de modo algum tentaria separar-se do mesmo corpo, para perceber coisas inteligíveis e poder intuir tanto quanto puder e, por essa visão, tornar-se melhor e mais excelente. Na verdade, de modo algum, a forma ou a cor ou também o próprio princípio regulador do corpo, que consiste numa determinada união dos quatro elementos dos quais é composto o mesmo corpo, podem separar-se dele; afinal, estão inseparavelmente nele como sujeito. Além disso, as coisas que a alma compreende quando se separa do corpo, na verdade, não são corpóreas; e, todavia, existem e existem no mais alto grau, pois existem sempre do mesmo modo. Pois nada se pode dizer que seja mais absurdo do que existirem as coisas que vemos pelos olhos, e não existirem as coisas que percebemos pela inteligência; já que é próprio do insensato duvidar que a inteligência seja incomparavelmente superior aos olhos. Porém, quando o espírito percebe essas coisas que são compreendidas como existentes sempre do mesmo modo, mostra suficientemente que está unido a elas num modo corpóreo admirável e sempre o mesmo, isto é, não localmente. Então, ou as coisas compreendidas estão no espírito, ou ele está nelas. Numa ou noutra hipótese, ou um está no outro como sujeito, ou ambos são substância. Mas se vale a primeira hipótese, o espírito não está no corpo como sujeito, como a cor e a forma: porque ou ele é a própria substância, ou existe como sujeito em outra substância, que não é o corpo. Se vale a segunda hipótese, o espírito não está no corpo como sujeito, do mesmo modo que a cor, porque é substância. O princípio regulador do corpo, porém, está no corpo como sujeito, do mesmo modo que a cor: portanto, o espírito não é o princípio regulador do corpo, mas é o espírito e a vida; e nenhuma coisa se separa por si mesma; e morre aquilo que é abandonado pela vida. Por isso, o espírito não pode morrer.

11. e) que a alma pode privar-se por si mesma...

18. Por isso, novamente, se algo deve ser temido, é que se deve temer que o espírito venha a faltar por dissolução, isto é, que seja privado da própria forma de existir. Sobre isso, embora eu julgue que já se tenha falado suficientemente, e que isso não pode acontecer, se tenha demonstrado com um raciocínio seguro, todavia, é preciso considerar, também, que não existe outra causa desse medo, a não ser porque se deve confessar que na falha existe algum espírito ignorante e sábio na essência mais certa e plena. Mas se o que ninguém duvida, então o espírito é sapientíssimo quando intui a verdade, que é sempre do mesmo modo, e a ela adere imóvel, ligado por divino amor, tem o ser sumo e máximo: ou o espírito, enquanto existe, tem o ser dela, ou existe por si mesmo. Mas se existe por si mesmo, porque é causa de existir para si, e nunca se abandona, nunca morre, como também discutíamos acima. Porém, se existe por ela, é preciso indagar diligente o que poderia ser tão necessário para tirar ao espírito o ser que ela lhe oferece. O que é, portanto? Talvez a falsidade, porque ela é a verdade? Mas é manifesto e está à vista quanto a falsidade pode prejudicar o espírito.

Com efeito, por acaso pode mais do que enganar? Ao contrário, a não ser quem vive, ninguém é enganado. Por isso, a falsidade não pode matar o espírito. E se ela, que é contrária à verdade, não pode tirar ao ser ao espírito, que a verdade lhe deu (assim que a verdade é invencível), que outra coisa se haverá de encontrar que tire ao espírito aquilo que é espírito? Na verdade, nada, pois não existe contrário mais eficiente capaz de tirar o que foi feito, por ser contrário.

12. ...ou por outro;

19. Mas se procurarmos o contrário à verdade, não enquanto é verdade, mas enquanto é ser sumo e máximo, embora seja tanto ele mesmo quanto é a verdade; realmente, dizemos que a verdade é aquela pela qual são verdadeiras todas as coisas enquanto são; porém, são tanto quanto são verdadeiras. Todavia, de modo algum, fugirei, porque me parece mais evidente. Pois, se nenhuma essência, enquanto é essência, tem seu contrário, muito menos tem seu contrário a primeira essência, que se chama verdade, enquanto é essência. A premissa é verdadeira. Afinal, toda a essência não é essência por outro motivo senão porque é essência. O ser, porém, não tem contrário, a não ser o não ser: daí que não existe contrário para a essência. Por isso, de modo algum, pode existir um ser contrário àquela substância que é o ser máximo e primitivo. Se o espírito tem dele aquilo que é (pois não pode ter de outro lugar o que não tem por si mesmo, a não ser daquela coisa que é mais excelente do que o próprio espírito)

não existe coisa alguma pela qual perca o ser, porque não existe nenhuma coisa que lhe é contrária àquela que ele tem; e por causa disso não deixa de existir. Porém, porque pela transformação tem aquilo pelo qual é, pelo afastamento pode perder aquela sabedoria. Pois o afastamento é contrário à transformação. Mas não existe causa pela qual possa perder aquilo que tem do ser que não tem contrário. Portanto, não pode morrer.

13. f) que a alma pode mudar para uma essência inferior, ou porque quer...

20. Aqui, talvez, poderia surgir algum problema: se, assim como o espírito não morre, também não poderia ser mudado numa essência inferior. Com efeito, qualquer um pode ver, e não sem razão, que foi demonstrado por este raciocínio, que o espírito não pode chegar ao nada, mas pode transformar-se em corpo. Ora, se aquilo que era antes do espírito foi transformado em corpo, certamente não deixará de existir. Mas isso não pode ser feito a não ser que ele próprio queira ou seja coagido por outro. Todavia, quer ele próprio deseje, quer seja coagido, o espírito não pode imediatamente ser corpo. Daí, segue-se que, se é corpo, quis sê-lo ou foi obrigado. Porém, não se segue que se

quer ou é obrigado, torna-se corpo. Mas nunca quererá: pois todo o seu desejo para o corpo ou é para que o possua, ou o vivifique, ou de algum modo o produza, ou de algum modo cuide dele. Nada disso, porém, pode acontecer, se não for melhor do que o corpo. Mas se fosse corpo, não será melhor do que o corpo perfeito. Por isso, não quererá ser corpo. E não existe argumento mais certo dessa verdade do que quando o espírito interrogar a si mesmo. Assim, pois, facilmente descobrirá que não tem outro desejo, a não ser de fazer algo, ou de saber, ou de sentir ou de simplesmente viver, porque este o seu poder.

...ou porque é coagida,

21. Ora, se é coagido a ser corpo, quem poderia coagi-lo? Certamente, alguém que tem mais poder. Portanto, não pode ser coagido pelo próprio corpo. De fato, de maneira alguma um corpo é mais poderoso do que qualquer espírito. Mas o espírito mais poderoso não coage alguém, a não ser que esteja sujeito ao seu poder. E, de modo algum, um espírito submete-se ao poder de outro espírito, a não ser que se submeta às suas paixões. Portanto, aquele espírito não coage mais do que aquilo que lhe permitem as paixões do sujeito ao qual impões a coação. Ora, já foi afirmado que o espírito não pode ter a paixão de ser corpo. Também é evidente que não há de chegar a nenhuma realização de sua paixão quando perde todas as paixões e as perde quando se torna corpo. Por isso, não pode ser coagido a se tornar corpo por aquele que não tem o direito de coagir, a não ser pelas paixões do súdito. Enfim, um espírito que tem outro espírito

em poder, é necessário que o tenha em poder um espírito que tem corpo, e queira cuidar dele na bondade ou escravizá-lo na maldade. Portanto, não quererá que seja corpo.

Quando não existe quem possa coagir...

22. Por fim, esse espírito que coage, ou tem corpo, ou não tem corpo. Se não tem corpo, não está neste mundo. E se assim for, é sumamente bom e não pode querer para outro ser tão desonrosa mudança. Mas, se tem corpo, ou é corpo também aquele que coage, ou não é. Mas se não é, a nada pode ser coagido pelo outro, pois quem está no sumo grau não tem causa superior. Mas se está no corpo, mediante o corpo é coagido a qualquer coisa por aquele que está no corpo. E quem duvidaria que, pelo corpo, se faça tamanha mudança ao espírito? Contudo, seria feita se aquele corpo fosse mais poderoso; embora qualquer que seja aquilo para o qual é coagido pelo corpo, na verdade, não é coagido pelo corpo, mas por suas paixões, das quais já se falou suficientemente. Por consenso de todos, somente Deus tem mais ser do que a alma racional. E ele, certamente, cuida da alma e, por isso, a alma não pode ser coagida por ele para se converter em corpo.

14. ...nem pelo sono;

23. Portanto, se aquele espírito não sofre mudança nem por vontade própria, nem por outro que coage, de onde pode sofrer mudança?

Acaso será porque contra a vontade, geralmente, o sono nos oprime e se deva temer que por tal deterioração o espírito se transforme em corpo? Como se, pelo sono, os nossos membros se enfraquecessem e, por isso, o espírito se torna uma parte mais débil. O espírito não percebe somente os seres sensíveis, porque o que quer que o sono faça provém do corpo e age no corpo. Pois acalma e, de alguma forma, fecha os sentidos corporais, de maneira que, por tal mudança do corpo, a alma ceda com paixão: porque, segundo a natureza, é tal mudança que refaz o corpo dos trabalhos; todavia, não tira ao espírito a força de sentir ou de compreender. Afinal, tanto tem imagens das coisas sensíveis, com tamanha expressão de semelhança, que no mesmo momento não consiga distinguir-se das coisas das quais são imagens, quanto se algo compreende, é verdadeiro tanto ao que dorme quanto ao que está acordado. Como, por exemplo, se no sono lhe parece estar discutindo e, seguindo razões verdadeiras, na discussão aprender alguma coisa; e também acordado elas permanecem imutáveis, embora as outras coisas pareçam falsas, como o lugar da discussão e a pessoa com a qual a discussão parecia acontecer, e as próprias palavras, no que se refere ao sono, pelas quais parecia discutir e outras coisas semelhantes, também as coisas que se percebem com os próprios sentidos e acontecem com os que estão acordado; todavia, passam e, em parte alguma, seguem a sempiterna presença das verdadeiras razões. Disso conclui-se que por tal mudança do corpo, como é o sono, pode diminuir para a alma o uso do próprio corpo, mas não a própria força.

15. g) que a alma está contida no lugar que antes alcança com razões eternas,

24. Enfim, se, contudo, a alma está unida ao corpo não localmente, embora o corpo esteja ocupando um lugar, a alma é afetada, antes do que pelo corpo, por aquelas sumas e externas razões que permanecem imutáveis e, na verdade, não são contidas pelo lugar; e não somente antes, mas também mais. Com efeito, tanto antes, quanto mais próxima; e pela mesma causa também tanto mais, quanto for melhor do que o corpo. E esta proximidade não é entendida segundo o lugar, mas segundo a ordem da natureza. Por esta ordem, porém, entende-se que por meio da alma é oferecida pela suma essência a forma ao corpo, pela qual é tanto quanto é. Portanto, o corpo subsiste pela alma, quer pelo próprio ato pelo qual é animado, ou universalmente como o mundo; ou particularmente como qualquer ser vivo no mundo. Por isso, poderia seguir-se que uma alma tornar-se-ia corpo por meio de outra alma, e, absolutamente, não de outra forma. Mas, porque isso não acontece, na verdade, permanecendo a alma naquilo que é alma, o corpo subsiste por ela, que lhe dá a forma e não a subtrai; a alma não pode ser mudada para corpo. De fato, se a alma não entrega a forma que recebeu do sumo bem, o copo não é feito por ela: e se não é feito por

ela, ou simplesmente não é feito, ou assume a forma tão proximamente quanto a alma. Mas, quer faça o corpo, quer assim a forma tão proximamente, seria aquilo que é a alma; e aqui está a diferença. A alma é tanto melhor quanto mais proximidade assumir. O corpo também assumiria esta proximidade se não a assumisse pela alma. Pois, sem nada interpor, realmente, assumiria com igual proximidade. E não se encontra algo que esteja entre a suma vida, que é sabedoria e verdade imutável, e aquilo que vivifica o último, isto é, o corpo, a não ser a alma vivificante. E se a alma entrega a forma ao corpo, para que seja corpo enquanto existe, certamente, entregando a forma não a perde. Mas a perderia transformando a alma em corpo. Por isso, ou a alma não se faz corpo por si mesma, porque o corpo não é feito por ela a não ser que a alma permaneça alma; ou não se faz corpo por outro ser, porque o corpo não se faz senão mediante a entrega da forma pela alma, e, pela supressão da forma, a alma converter-se-ia em corpo, se se convertesse.

16. e posta no corpo, não se divide em partes.

25. Isso tanto pode ser dito da alma irracional ou da vida, pois a alma racional não pode transformar-se nela, quanto dela, se em ordem inferior não estivesse sujeita à racional, e assumisse a forma e fosse assim. Portanto, os seres mais poderosos

comunicam a forma recebida da suma beleza aos seres inferiores na ordem natural. E, na verdade, quando a comunicam, não a perdem. E os seres inferiores são tais enquanto existem, porque a forma pela qual existem lhes é comunicada pelos mais poderosos: na verdade, os seres mais poderosos são também os melhores. E a estes seres foi dado pela natureza que, pela massa maior, não podem mais do que os de massas menores, mas sem efervescência alguma de magnitude local, pela mesma forma são tanto mais poderosos quanto melhores. E neste aspecto, a alma é melhor e mais poderosa do que o corpo. Por isso, já que, como se disse, o corpo subsiste por ela, é absolutamente impossível que a alma seja transformada em corpo. Pois nenhum corpo se faz a não ser recebendo a forma mediante a alma. Ao contrário, poderia acontecer que a alma se tornasse corpo, não recebendo, mas perdendo a forma: e, por isso, não pode se tornar; a não ser, talvez, que a alma ocupe um lugar e, localmente, seja unida ao corpo. Então, se assim é, talvez uma massa maior pode voltar para a sua forma imperfeita, embora mais especiosa, como uma maior massa de ar com um fogo menor. Mas, não é assim. Na verdade, toda a massa que ocupa um lugar não está toda em cada uma de suas partes, mas está em todas. Portanto, uma parte dela está num lugar, e a outra em outro. A alma, porém, está toda simultaneamente presente não só em toda a massa do seu corpo, mas também em cada partícula dele. Com efeito, sente a paixão de cada parte do corpo e, todavia, não em todo o corpo. Realmente, quando houver uma dor no pé, o olho a percebe, a língua a expressa, a mão se move. Isso não aconteceria se a função da alma não estivesse nas suas partes e não fosse sentida no pé; e não poderia sentir o que ali aconteceu se estivesse ausente. De fato, não é crível que a algum mensageiro aconteça não sentir o que anuncia: porque a paixão que acontece não corre pela continuação da massa, para não deixar escapar as outras partes da alma, que estão em outro lugar; mas, toda a alma sente aquilo que acontece numa partezinha do pé, e só sente ali onde acontece. Por isso, está simultaneamente presente em cada uma das partes aquela que simultaneamente toda sente em cada uma das partes. Todavia, não está presente toda do mesmo modo, como a brancura ou qualquer outra qualidade está toda em cada parte do corpo. Pois o que sofre pela mudança da brancura numa parte do corpo, pode não se referir à brancura que existe em outra parte. Daí, conclui-se que, conforme as partes da massa estão distantes de si mesmas, também ela dista de si. Não se prova, porém, que na alma seja assim pelo sentido do qual se falou.

Vozes de Bolso

- *Assim falava Zaratustra* – Friedrich Nietzsche
- *O Príncipe* – Nicolau Maquiavel
- *Confissões* – Santo Agostinho
- *Brasil: nunca mais* – Mitra Arquidiocesana de São Paulo
- *A arte da guerra* – Sun Tzu
- *O conceito de angústia* – Søren Aabye Kierkegaard
- *Manifesto do Partido Comunista* – Friedrich Engels e Karl Marx
- *Imitação de Cristo* – Tomás de Kempis
- *O homem à procura de si mesmo* – Rollo May
- *O existencialismo é um humanismo* – Jean-Paul Sartre
- *Além do bem e do mal* – Friedrich Nietzsche
- *O abolicionismo* – Joaquim Nabuco
- *Filoteia* – São Francisco de Sales
- *Jesus Cristo Libertador* – Leonardo Boff
- *A Cidade de Deus – Parte I* – Santo Agostinho
- *A Cidade de Deus – Parte II* – Santo Agostinho
- *O conceito de ironia constantemente referido a Sócrates* – Søren Aabye Kierkegaard
- *Tratado sobre a clemência* – Sêneca
- *O ente e a essência* – Santo Tomás de Aquino
- *Sobre a potencialidade da alma* – De quantitate animae – Santo Agostinho
- *Sobre a vida feliz* – Santo Agostinho
- *Contra os acadêmicos* – Santo Agostinho
- *A Cidade do Sol* – Tommaso Campanella
- *Crepúsculo dos ídolos ou Como se filosofa com o martelo* – Friedrich Nietzsche
- *A essência da filosofia* – Wilhelm Dilthey
- *Elogio da loucura* – Erasmo de Roterdã
- *Utopia* – Thomas Morus
- *Do contrato social* – Jean-Jacques Rousseau
- *Discurso sobre a economia política* – Jean-Jacques Rousseau
- *Vontade de potência* – Friedrich Nietzsche
- *A genealogia da moral* – Friedrich Nietzsche
- *O banquete* – Platão
- *Os pensadores originários* – Anaximandro, Parmênides, Heráclito
- *A arte de ter razão* – Arthur Schopenhauer
- *Discurso sobre o método* – René Descartes
- *Que é isto – A filosofia?* – Martin Heidegger
- *Identidade e diferença* – Martin Heidegger
- *Sobre a mentira* – Santo Agostinho
- *Da arte da guerra* – Nicolau Maquiavel
- *Os direitos do homem* – Thomas Paine
- *Sobre a liberdade* – John Stuart Mill
- *Defensor menor* – Marsílio de Pádua

- *Tratado sobre o regime e o governo da cidade de Florença* – J. Savonarola
- *Primeiros princípios metafísicos da Doutrina do Direito* – Immanuel Kant
- *Carta sobre a tolerância* – John Locke
- *A desobediência civil* – Henry David Thoureau
- *A ideologia alemã* – Karl Marx e Friedrich Engels
- *O conspirador* – Nicolau Maquiavel
- *Discurso de metafísica* – Gottfried Wilhelm Leibniz
- *Segundo tratado sobre o governo civil e outros escritos* – John Locke
- *Miséria da filosofia* – Karl Marx
- *Escritos seletos* – Martinho Lutero
- *Escritos seletos* – João Calvino
- *Que é a literatura?* – Jean-Paul Sartre
- *Dos delitos e das penas* – Cesare Beccaria
- *O anticristo* – Friedrich Nietzsche
- *À paz perpétua* – Immanuel Kant
- *A ética protestante e o espírito do capitalismo* – Max Weber
- *Apologia de Sócrates* – Platão
- *Da república* – Cícero
- *O socialismo humanista* – Che Guevara
- *Da alma* – Aristóteles
- *Heróis e maravilhas* – Jacques Le Goff
- *Breve tratado sobre Deus, o ser humano e sua felicidade* – Baruch de Espinosa
- *Sobre a brevidade da vida & Sobre o ócio* – Sêneca
- *A sujeição das mulheres* – John Stuart Mill
- *Viagem ao Brasil* – Hans Staden
- *Sobre a prudência* – Santo Tomás de Aquino
- *Discurso sobre a origem e os fundamentos da desigualdade entre os homens* – Jean-Jacques Rousseau
- *Cândido, ou o otimismo* – Voltaire
- *Fédon* – Platão
- *Sobre como lidar consigo mesmo* – Arthur Schopenhauer
- *O discurso da servidão ou O contra um* – Étienne de La Boétie
- *Retórica* – Aristóteles
- *Manuscritos econômico-filosóficos* – Karl Marx
- *Sobre a tranquilidade da alma* – Sêneca
- *Uma investigação sobre o entendimento humano* – David Hume
- *Meditações metafísicas* – René Descartes
- *Política* – Aristóteles
- *As paixões da alma* – René Descartes
- *Ecce homo* – Friedrich Nietzsche
- *A arte da prudência* – Baltasar Gracián
- *Como distinguir um bajulador de um amigo* – Plutarco
- *Como tirar proveito dos seus inimigos* – Plutarco
- *Solilóquios / Da imortalidade da alma* – Santo Agostinho

Conecte-se conosco:

f facebook.com/editoravozes

◉ @editoravozes

🐦 @editora_vozes

▶ youtube.com/editoravozes

✆ +55 24 2233-9033

___

www.vozes.com.br

Conheça nossas lojas:

www.livrariavozes.com.br

Belo Horizonte – Brasília – Campinas – Cuiabá – Curitiba
Fortaleza – Juiz de Fora – Petrópolis – Recife – São Paulo

EDITORA VOZES LTDA.
Rua Frei Luís, 100 – Centro – Cep 25689-900 – Petrópolis, RJ
Tel.: (24) 2233-9000 – E-mail: vendas@vozes.com.br